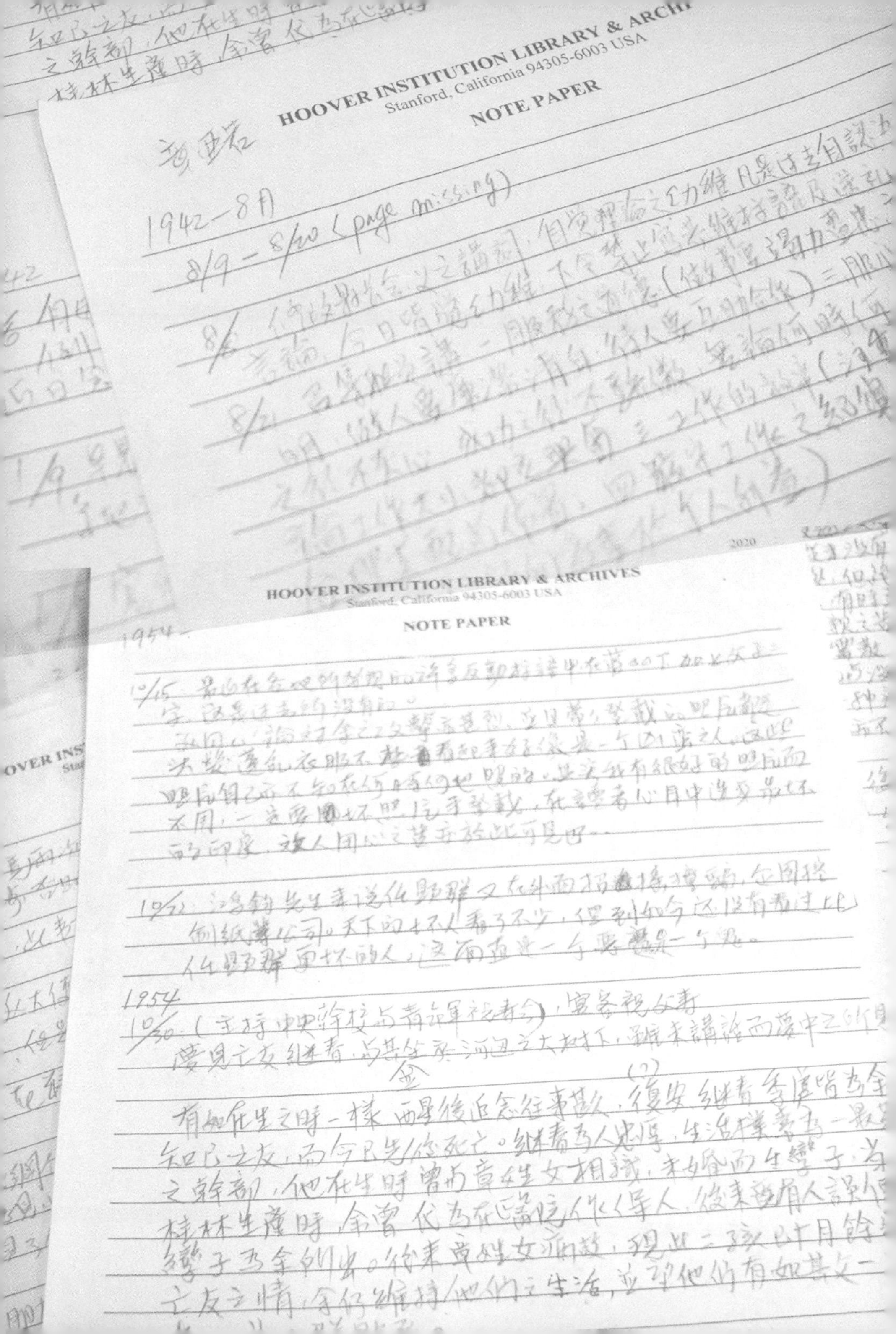

郑天锡

1942 - 8月

8/9 - 8/20 〈page missing〉

8/ 何故對於会议之猶豫，但处理當之幼稚且是任主自認

言論，言行皆隨幼稚不合，平生尚未做善做持諭及達到
三服心

8/ 另修養不謹一服於之有事，任人要互助合作

明，做人要虚度量用力，任人要致慢，至論何時何

之做不力以 致力以任不致慢，三之件的故事（三任

三何之件工）此文之任一，四敢於了件之知順

1954.

10/15: 最近在会中的發現的許多反動好生生在著的工加火灰主
字，这是主亲的遇有心，又因常心登載以吧与都辭
不能、适合，在服不能看起事为食最一个四流之人。且此
眼尚目而不知在与好時的也照的。此文我有很好的明而而
不用，一定感圖怀照信手登載，在讀者心目中逆要異任
的印度，做人同心之甚不放此可見好。

10/22: 鸿鈞先生来说什题群又在外面搞着搞增前，在回接
倒纸藤公司，天下的技人看了不少，偶到如今这没有看过比
什题群更坏的人。这面直是一个要選另一个吧。

1954
10/30: (主持中共許投与青訪軍程表今)，宣客視女寿
慶見亡友纵青，与其筌来河且之大对工，鞋来請語而藏中之所貝
金
                                        (?)
有如在生之時一樣，醒後但念往事共，復安继青会曼皆为全
知己之友，而今只先後诊死亡。继青为人忠焉，生活样事志一最
之斡部，他在生時曾而章生女相識，才好睪而生蠻子为
桂林生產時，余曾代为抚養以人化人辱人。後来過屠人認以
蠻子乃余創业。他来曾娟女涌越，現此二孩以十月飭
亡友之情，余仍維持他们之生活，並望他们有如其父一

HOOVER INSTITUTION LIBRARY & ARCHIVES
Stanford, California 94305-6003 USA
NOTE PAPER

1942—8月
8/9—8/20 (page missing)

2020

HOOVER INSTITUTION LIBRARY & ARCHIVES
Stanford, California 94305-6003 USA
NOTE PAPER

10/15 最近在各地所登照的許多反動標語中在蔣中正下加上犬子二字，這是從未所沒有的。

10/22 江鴻鈞先生來說仙聯群又在外面招搖撞騙，企圖挖倒紙業公司。天下的壞人看了不少，但到如今還沒有看過比仙聯群更壞的人，這簡直是一個……

1954
10/30 (主持中央幹校與青年軍祝壽會)，宣誓祝壽
夢見亡友繼青，與其坐於河田之大樹下，雖未講話而夢中之所見有如在生之時一樣，醒後追念往事甚久，復安、繼青等皆為余最知己之友，而今已先後死亡。繼青為人忠厚，生活樸素，為一最難得之幹部，他在生時曾與章姓女相識，未婚而生孿子，當在桂林生產時，余曾代為在醫院作保人，後來無人……孿子為余所出……現此二子……亡友之情，令仍維持他們之生活，並望他們有如其父一樣……

時報出版

門裡還是門外？

從蔣經國日記
再探孝嚴身世

INSIDE or OUTSIDE the DOOR?

黃清龍——著

獻給愛妻秀錦

為了解開蔣孝嚴身世之謎，筆者閱讀參考許多相關著作，這是其中一部分。（黃登舜攝）

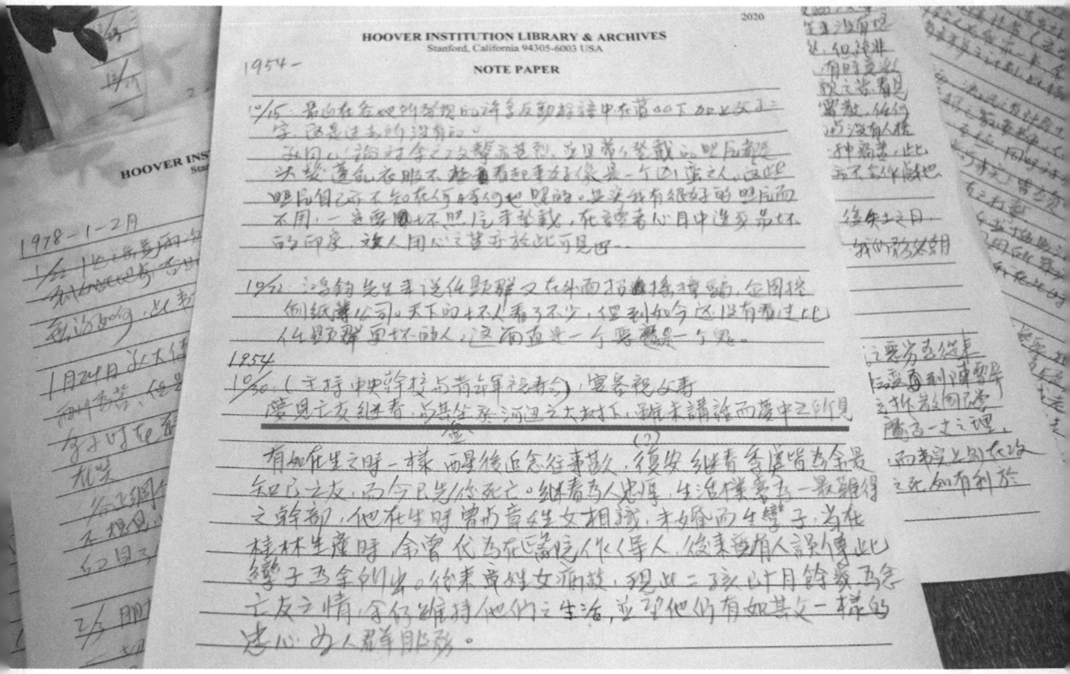

2020 年筆者在蔣經國 1954 年 10 月 30 日的日記發現他否認雙包胎是他所生，這是當時的手抄筆記。（黃登舜攝）

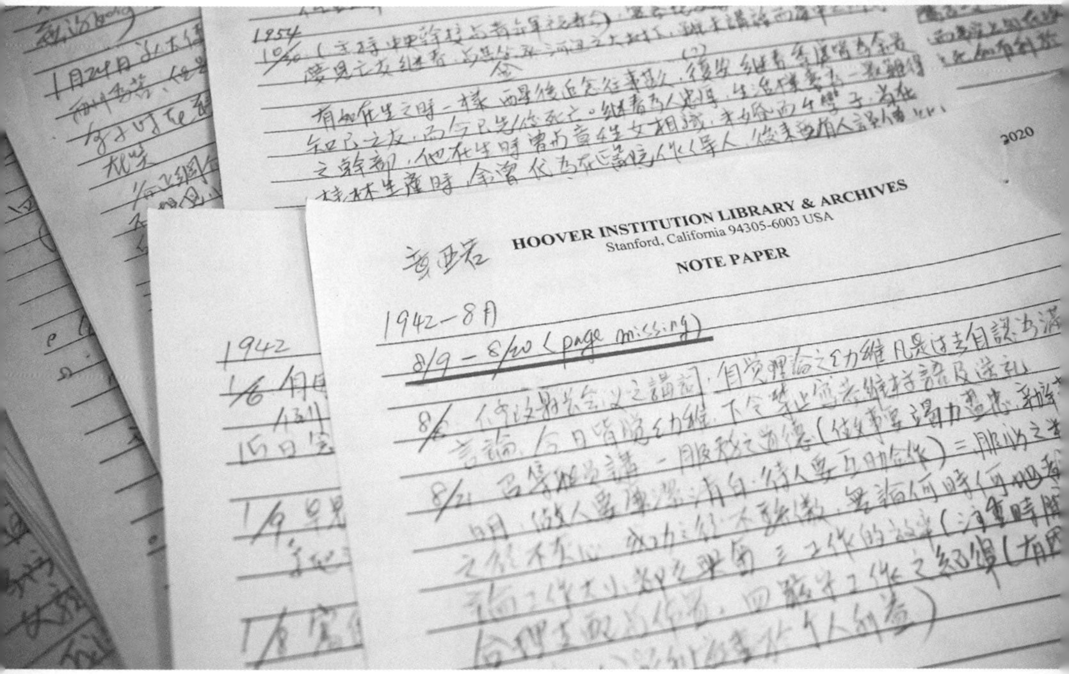

筆者發現蔣經國 1942 年 8 月 9 日～ 20 日的日記都被撕毀了。（黃登舜攝）

郭禮伯、蔣經國、蔣孝嚴三人身高都在一米六左右，身形相近，但五官略有不同，蔣經國是濃眉、豐唇，郭禮伯和蔣孝嚴則都是細眉、薄唇。

1960 年，郭禮伯任桃園縣民政局長時期（圖 / 郭貽熹提供）

蔣經國任行政院長時期官方肖像（摘自維基百科）

蔣孝嚴（翻攝自網路）

1935 年，郭禮伯任師長時期（圖 / 郭貽熹提供）

2010 年，郭貽熹於上海（圖 / 郭貽熹提供）

蔣孝嚴（摘自維基百科）

1977年，郭禮伯去世前一年（圖／郭貽熹提供）

蔣萬安（摘自百度百科）

雙胞胎孝嚴與孝慈（翻攝自網路）

蔣萬安（摘自立法院全球資訊網）

2017 年，郭貽熹（圖 / 郭貽熹提供）

1978 年 2 月郭禮伯去世後，葬在北投陽明山第一公墓，蔣經國在墓碑提字「勳勤永著」，下款寫的是「蔣制經國敬輓」，中間多了一個「制」，因那時距離老蔣總統去世尚未滿三年，表示還在守喪期（圖／郭貽熹提供）

目錄

代序
蔣經國與章亞若私生子之謎——兩年來的探析報告

二〇二〇年七月筆者根據年初赴美閱讀蔣經國日記心得，出版了《蔣經國日記揭密》一書。當初在思考書名及章節順序時，曾為了要不要突出蔣經國否認章亞若所生雙胞胎與他有關一節，有過一番掙扎。畢竟從日記的內容來說，那無疑是最具爆炸性的部分，理當排在序文之後第一章，直接在封面加以凸顯。然而筆者也擔心這麼做的話，極可能使全書變了調，成為追逐名人緋聞的八卦書，而失去了「透視強人內心世界與台灣關鍵命運」的嚴肅意義。

幾經考量，同時聽了媒體前輩吳豐山的寶貴意見，最後是把這段祕辛放到較後的第五章〈蔣經國的愛情世界〉，書名及正封面均無一字提及此事。

該書出版後，頗引起一陣討論熱潮。兩年後的今天，許多議題都已冷卻下來，唯獨雙胞胎是否蔣經國骨肉一事，至今仍是許多人茶餘飯後的話題。原因可能是日記揭露的內容雖然勁爆，卻無法提供一可靠論據，印證日記所寫為真或為假；而人們對一樁涉及蔣家的祕辛——特別是與血緣有關的話題，總是抱持無比的好奇與興趣，種種議論因此很難停止。

身為媒體工作者，筆者對兩年前出版時的考量與最終安排，並不認為有何不妥；然而多年新聞工作的本能，又讓我對於「挖到一條大獨家」，卻只拋出疑問而無法提供解答，始終感到難以釋懷，逐漸成為心中的一塊石頭。兩年過去了，來自內心某種探求真相的呼喚，加上許多讀者與友人的回饋意見，促使筆者重新檢視當初的若干假設，並廣泛蒐羅相關資料。經過消化比對之後，再回看蔣日記的若干記載，真相似乎已越來越清晰，自覺有必要向讀者做個交代，因此而有這本小書。

例如，筆者當時曾研判蔣否認章亞若所生孿子與他有關，是因他正處於接班的敏感時期，擔心婚外生子之事傳入其父耳中，恐影響接班大事，才會在日記中否認其與章亞若的婚外情，並指這對雙胞胎的生父是他的老部屬王繼春。

為印證這一研判，筆者特別翻查一九五四前後幾年蔣經國日記的記載，而做了以下推論：「蔣介石雖有心培養他接班，但前有陳誠這塊大石頭，後有黨內外自由派勢力的阻撓，加上他身為『太子』樹大招風，又當了國防部總政治部及總統府機要室資料組這兩個特務組織的頭，還仿效蘇聯共青團成立青年反共救國團擴大勢力，更讓他成為眾矢之的。黨內外諸多壓力太大，恐怕也會讓他擔心父親對他的接班安排會否為之動搖。因此才需要在日記中否認其與章亞若的婚外情，及有兩個孿生子在台灣的情形，以免流長蜚短傳入其父親耳中，影響他的接班大事。」

不只筆者這麼看，史丹佛大學胡佛檔案館東亞館藏部主任林孝庭在他的《蔣經國的台灣時代》書中，也認為五〇年代的蔣經國已居國民黨權力接班梯隊之林，在內外政敵環伺下，他絕無可能讓早年這段婚外情，成為其政治事業更上層樓的阻礙。此外，小蔣也無法不考慮父親蔣介石對此事的觀感，因而必須矢口否認他與章亞若這段往事，在日記裡撒謊。

筆者曾就此當面詢問蔣孝嚴先生的看法，他也猜測經國先生可能是要寫給老總統看的。因為當時他的處境很困難，為了接班，政敵很多，內外局勢交迫，他怕這件事會被人拿來作文章，所以就在日記上撒了一個白色的小謊。

然而不論是筆者與林孝庭的推論或是蔣孝嚴先生的猜測，都必須基於一個前提才能成立，即老蔣總統事先完全不知兒子婚外生子之事。但他真的都不知道嗎？至少從以下兩份資料來看，老蔣總統不但知道此事，而且早在一九四一年就已經知道了！

其一、筆者在一九九五年的《傳記文學》上，看到黃埔二期的李以劻將軍發表的〈兩度相隨蔣經國的經過及見聞紀實〉，文中提到一九四九年春天他駐防福州，曾在一次宴請調任廈門市警備司令的原蔣公侍從室警衛組組長石祖德將軍時，問過他有關蔣經國的私生子事老校長知道否？石祖德回答說：「知道，不僅知道孿生子，連情婦曾是一期（黃埔）同學郭禮伯的姨太也知道呀！」

其二、在蔣孝嚴先生親撰出版的《蔣家門外的孩子》一書也記載：「父親在贛州與母親相知相愛之初，暫時瞞住了祖父，但祖父對一九四二年母親遠赴桂林產下一對雙胞胎的事，則知之甚詳。父親身旁有祖父的眼線是極自然的事，根本不是祕密。」

書中還提到：「母親曾要求父親盡快將身懷蔣家骨肉一事稟報祖父，並要求接納。父親于一九四一年十月為此專程前往重慶，伺機作了稟報。返回桂林後他非常興奮地跟母親說，祖父對整件事表示了解，而且很高興又有了兩個孫兒，並立即按照家譜排輩親自取名，一個叫『孝嚴』，一個叫『孝慈』，涵義是一個『孝順父親』，一個『孝順母親』。母親聞此，至為快慰，毫不猶豫地照著祖父的意思，為我們取學名為『蔣孝嚴』和『蔣孝慈』。母親也很高興地把這個過程與喜悅，和在桂林幫忙的大姨媽懋蘭和四姨媽亞梅分享，並且告訴了遠在贛州的外婆。」

蔣孝嚴書中所述，固然是為了強調老蔣總統不僅接納了其母親，更欣喜獲得一對純中國人血統的孫兒，還親自為他們取名；但也反證了老蔣總統早在一九四一年就已知此事。因此所謂蔣經國「擔心婚外生子之事傳入其父耳中」，為免影響接班大計，而「在日記上撒了一個白色的小謊」，實際上是不能成立的。

那麼能否就推斷雙胞胎真如蔣日記所稱，是其部屬王繼春與章亞若所生？儘管事情已經過了幾十年，當事者都已不在人世，理論上如真有其事，總還有些蛛絲馬跡可供佐證。偏偏筆者翻閱所有能夠查找的資料，包括由江西省政協出版的《王繼春在上猶》，及現任上猶縣文聯主席李伯勇發表的〈與青山綠水同在的英魂——王繼春與蔣經國〉，這兩篇公認關於王繼春生平最詳實完整的文獻，都未發現任何線索指稱王繼春與章亞若有過一段情，遑論兩人曾生下了雙胞胎。

進一步翻查王繼春背景，他終身未婚，無妻無兒，兩個兄長很早過世，家中只剩一位老父。一九四三年三月死後，蔣經國為他辦了盛大的追悼會，但追悼會現場卻是由其七旬老父在靈前答禮。如果王繼春真的有這樣一對孿生子，追悼會就不會是這樣的安排才對。

因此筆者斷言，蔣經國日記的記載並非事實。他「造假」原因既不是為了向其父撒謊，因蔣介石對其婚外生子之事早已知曉；雙胞胎也不是王繼春所生，否則其家族後人不會毫不知情，當地與王繼春有關的文獻也不至於全無交代。然則蔣經國在日記上「造假」究竟所為何來？是否另有其他不為人知的隱情呢？

就在筆者百思不得其解之際，嗣後又讀到一本叫《我的父親郭禮伯》的書，是郭貽熹先生為紀念其父郭禮伯，於二〇一〇年公開出版的家族傳記。書的封面特別註明：「本書真實還原蔣經國先生、章亞若女士和郭禮伯先生之間的交往內容，勢必成為相關近代史料的重要考證資料。」果然書中針對雙胞胎的血緣提出完全不同的說法，直指他的父親郭禮伯將軍可能才是雙胞胎的生父，這是之前從未有人公開提到過的。筆者為此曾相詢於一位認識郭禮伯的國民黨大老，他證實很早就知道章亞若在與蔣經國交往前，曾經是郭禮伯的小妾。至於書中所稱雙胞胎生父疑雲，則無法確認。

作者郭貽熹稱，他決定發表父親的口述資料，主要是要將一些對章和其父交往的錯誤報導，給予補正並還原真相，如此「才不辜負父親和章前後七年交往的情分，也可以讓後人知道章和蔣認識交往的來龍去脈」。由於章蔣和其父三位當事人都已過世多年，他相信現在來發表相關內容，應該不至於對他們三人和他們的後代有任何負面的影響，因為「事實就是事實，是不應該永久被扭曲或隱藏的。」

確實，事實是不應該永久被扭曲或隱藏的！然而此事畢竟已過去超過半個世紀，當事人俱已不在人世，現在要進行真相探索，除非有超凡神力讓他們起於地下來向後人吐露事實，否則就只有另覓它途了。

其中一個方法就是從相關人士的記載，包括回憶錄去爬梳比對。兩年來筆者仔細閱讀了與蔣經國、章亞若、郭禮伯、王繼春這四個人有關的書籍和文章，包括：李以劻的〈兩度相隨蔣經國的經過及見聞紀實〉、蔣孝嚴的《蔣家門外的孩子》、郭貽熹的《我的父親郭禮伯》、徐浩然的《蔣經國章亞若在贛南的日子》、江西省政協出版的《王繼春在上猶》、李伯勇的〈與青山綠水同在的英魂——王繼春與蔣經國〉、林孝庭的《蔣經國的台灣時代》、漆高儒的《蔣經國評傳——我是台灣人》，及周玉蔻的《蔣經國與章亞若》等。

各書內容多有重複或相互矛盾之處，經過抽絲剝繭、去蕪存菁之後，完成以下章節：〈王繼春何許人也？他是蔣經國的革命夥伴！〉、〈王繼春是雙胞胎的生父嗎？〉、〈章亞若的第一個男人——媒妁姻緣的表哥丈夫〉、〈郭禮伯、蔣經國與章亞若的多重關係〉、〈讓蔣經國愛得刻骨銘心的一段地下情〉、〈章亞若懷孕產子，雙胞胎生父成謎〉、〈章亞若死因不明，蔣經國關鍵日記撕毀〉、〈蔣、章、郭三個家族來台後意外「重逢」〉、〈蔣孝嚴認祖歸宗——從「事實承認」到「法律承認」〉、〈蔣家人為什麼反對章孝嚴認祖歸宗？〉、〈蔣孝嚴到底是誰的兒子？〉。

除了文獻資料考證，筆者也發揮記者本職，儘可能去採訪相關人士。當中最關鍵的是訪問到郭貽熹先生，他是《我的父親郭禮伯》的作者，從他口中得到許多書中未提及、但十分重要的訊息，對釐清事實真相有極大幫助。還有當年主持專案小組的前內政部次長簡太郎，接受筆者訪談詳實說明通過同意蔣孝嚴認祖歸宗的過程，以及調查局和刑事局專家，針對 DNA 檢驗提供的權威解說，在此一併致謝。

第一章

王繼春何許人也？他是蔣經國的革命夥伴！

王繼春是蔣經國建設大贛南時的得力助手，也是有著共同理想的患難之交。蔣經國曾關心王繼春單身未婚，不幸王繼春患有肺病，因為家貧又為官清廉，得不到好的醫治，三十五歲就英年早逝。蔣經國為他舉辦盛大的追悼會，聲淚俱下痛斥社會的腐敗與黑暗。

二〇二〇年二月四日，筆者在美國史丹佛大學胡佛檔案館翻閱蔣經國日記，在其一九五四年十月三十日的日記中，發現有以下記載：

「夢見亡友繼春，與其並坐於河邊之大樹下，雖未講話，而夢中之所見，有如在生之時一樣，醒後追念往事甚久。後安、繼春、季虞皆為余最知己之友，而今已先後死亡。繼春為人忠厚，生性樸素，為一最難得之幹部。他在生時曾與章姓女相識，未婚而生孿子，當在桂林生產時，余曾代為在醫院作保人，後來竟有人誤傳此孿子為余所出。後來章姓女病故，現此二孩已十有餘歲，為念亡友之情，余仍維持他們之生活，並望他們有如其父一樣的忠心，為人群服務。」

蔣日記的意思很清楚，直接否認章亞若所生雙胞胎與他有關，完全顛覆一般人的認知。但日記寫的是真的嗎？「繼春」又是誰？經查，「繼春」乃蔣在贛南時期的部屬王繼春，曾任上猶縣縣長。「後安」是當時的南康縣長王後安，「季虞」則為小蔣留俄同學、贛南時期蔣經國的辦公室主任俞季虞。

由於蔣經國明確指王繼春是雙胞胎生父，為幫助讀者了解王繼春其人，筆者特別找出江西省政協二〇〇五年出版的《王繼春在上猶》，以及現任上猶縣文聯主席李伯勇二〇〇九年發表的〈與青山綠水同在的英魂——王繼春與蔣經國〉兩篇文獻，針對王繼春的出身背景、性格、以及與蔣經國的關係，整理出以下內容：

王繼春，字頌台，一九〇八年出生於江西南昌新建縣。有兄弟四人，姊姊二人，排行第六，父親叫他「六六」。他家境貧寒，靠著親友的資助完成江西法政專門學校學業。一九二八年參加縣長考試合格，因年紀太小被派到江西湖口縣一個碼頭，負責調運全省糧食進出。按當時省政府有關規定，每百斤糧食過碼頭須交國幣五絲銀文，給工作人員補助日常生活，但王繼春沒有動用這筆費用，而是如數上交。由此受到省長熊式輝的賞識，並推薦給當時的贛南專員蔣經國。

一九三九年六月，王繼春擔任上猶縣縣長。上任前，王來見蔣經國，蔣把上猶的大概情形講了一下，對他說：「上猶縣情況複雜，是個閉塞山區，地瘠民貧，民性強悍。繼春兄此去執長，乃省府熊主席畀以重任，不知吾兄打算如何幹？」王繼春鬥志昂揚回答：「用拚命精神去工作，決心建設新贛南。」

蔣經國又說：「上猶沒有一個地方沒土匪，沒有一個村莊沒鴉片，不久前，上猶的縣長何自為被暴徒捆綁，縣長太太還遭侮辱挨了打！所以你應該勇敢地開展工作，但也須謹慎從事。」王繼春堅定地說：「我不怕挨打。那邊的事我已知道一些，這次我是準備去犧牲的。」蔣經國還打趣地說：「何自為夫人的褲子都被扯破了，受盡了侮辱。」王繼春笑答：「專員，好在我沒有夫人。」蔣經國聽了既感慨又感動，對王繼春寄予很大希望。

一九三九年六月七日，王繼春接任上猶縣長，他一個人帶著簡易行裝赴任，就在孔廟左廊開設辦公室，殿廳做禮堂，住在左邊一個房間，只有床鋪、方桌、板凳和簡單的生活用品，一切因陋就簡。王繼春請縣政府督學李祥輝替他作了一副對聯，貼在辦公室旁邊大門進去院子兩邊的楹聯柱上，作為他的兩大施政方針：

率十萬人民效死效勞，爭取抗戰勝利；

循三年計畫矢勤矢勇，達成建設目標。

世。

當時有人認為上聯那個死字是不祥之兆，後來王繼春不幸就在上猶縣長任期內去世。

但王繼春畢竟年輕氣盛，沒有從政經驗，他不把當地仕紳放在眼裡，就像蔣經國初到贛南時一樣。果然上任不到一個月，就有人去贛州向蔣經國告狀，說王不依照法令，隨便拘捕百姓，想把王攆走。蔣經國經調查得知，王繼春冒犯了仕紳階級的利益，於是寫了封信告訴他：應當勇敢做事，但也不可操之過急。

蔣經國主政贛南第一次召開縣長會議，許多縣長都帶了辭職書過來，可見當時他根基並不牢固。但蔣經國決心迎難而上，在會上提出要將各縣的自衛隊裁撤，成立一個自衛總隊，立即招致許多人的反對，只有王繼春表態支持。會後，王繼春對蔣經國說：「不要管他們贊不贊成，你非這樣幹不可。地方的舊惡勢力不消滅，新的政治是絕對推行不了的！」經過這次，蔣經國進一步認識了王繼春，認定王是他奮鬥道路上的患難朋友！

為了表達對王繼春的支持，三個多月之後，蔣經國帶領三十多人到上猶視察。這是蔣經國第一次到上猶，上猶給他的第一個印象就是蕭條、冷清，好像一個剛剛打完仗的戰場，百姓都非常窮苦。在縣政府開會時，蔣經國提出三項任務：第一肅清盜匪，第二肅清賭風，第三肅清鴉片煙。

王繼春當晚立刻根據這三點意見，擬定了一個具體計畫，跟蔣經國商討今後工作方針，兩人一直談到半夜。談得投機，王繼春講了一個自己不久前在泰和縣受侮辱的小故事：一次王去拜客，把名片交給傳達時，傳達看他其貌不揚衣著簡陋，以為他是個勤務兵，便問：「你們的縣長來了沒？」他告訴說他就是縣長，這個傳達鄙夷地回道：「像你這樣的人能夠做縣長，我也可以去當縣長了！」

第二天早晨，天還未亮，他們出發到崇義縣去，途中經過一塊荒地，王繼春說：「這是上猶的刑場，今天有幾個罪犯要在這裡槍斃。殺人是不得已的方法，絕對不是我們的目的。我想將來在這個地方建個縣立中學。」蔣經國說：「很好！」一會兒，王繼春又說：「對槍斃了的人，我想還是要好好地把他們埋葬的，同時，他們的家屬還應得到救濟。」蔣經國聽了很感動，覺得王繼春不但有堅強的意志，同時有慈悲的心腸。

過了幾個月，蔣經國到上猶縣社溪鎮清鄉，又與王繼春相聚。社溪與南康縣交界，行政管理混亂，加上是販賣鴉片煙的總部，社會秩序十分糟糕，蔣經國選擇這裡清鄉，顯然也有支援王繼春的考慮。期間兩人圍繞新政目標繼續探討下去，後來就成了贛南施政的五大目標：人人有工做；人人有飯吃；人人有衣穿；人人有屋住；人人有書讀。

這時蔣經國關心起王繼春的婚姻來了。王繼春對婚姻問題很淡然，但還是向蔣說了，他因家境寒澀、自己又個子矮小，不想拖累別人，因此確立要先立業後成家的人生目標。蔣經國勸他：「你還是快點結婚吧，在事業上可以得到一個幫助的人，在私生活上又可得到甜蜜呀！」王繼春笑笑說：「那就請專員留意，留意！」這就是王繼春對自己婚姻問題的表白。

在王繼春完成清鄉之後，蔣經國第三次來到上猶。這天，蔣經國提只皮包進縣政府，王繼春笑著問：「你這次是來查案子嗎？」蔣經國嚴厲地說：「是的。」他從皮包裡拿出一包東西交給王繼春說：「這是你貪贓枉法的證據！」王繼春雙手接過，打開一看，原來是一包咖啡糖。兩人相視而笑。蔣經國告訴他：「最近我接到多少所謂人民告你的案子，不是說你與女教員有來往，就是說你敲了賭犯的竹槓；不是說你妨礙了人家的自由，就是說你私通土匪。這就是所謂今天的社會輿論！但是，我是很明白你的。每一次接到此類控告的案子，我都當作一種研究中國當今社會醜惡現象的參考材料！」

蔣經國知道王繼春工作扎實，有突破性進展，期望上猶真正成為「建設新贛南」的樣板。王繼春也不負使命，以自己的青春熱血，建立了上猶這個模範縣，蔣經國贛南新政這才有了基礎。贛州也成了抗日的大後方，全國許多知識精英都聚集贛州，一些教育活動家也來到上猶，給上猶注入了生機活力。

不幸王繼春患有肺疾，約莫在一九四一年，他從泰和省立醫院檢查出得了肺結核。從泰和回贛州一下車，王繼春就把情況告訴了蔣經國。蔣吃了一驚，囑他好好休養，注意營養。第二天，蔣經國介紹了醫生給王繼春看病，要醫生交待他怎樣休養。蔣經國曾經考慮給他換一個崗位，但想到他正一心一意完成上猶的工作，一定不會答應換崗，於是就拖了下來，結果成了蔣經國的終身遺憾！

王繼春抱病回到上猶，每過兩三天，蔣經國就會打電話關心。一九四一年秋天贛州行署召開行政會議，蔣經國見王繼春病得不輕，就叫他不要出席，在旅館裡休息。會開完後，蔣經國又強迫他住院，動了手術。蔣經國幾次上醫院看他，還送了件做中山裝的衣料給他。出院時，蔣經國告訴他，經過各方面考核，上猶的工作績效第一名，王繼春非常高興。後來，蔣聽說因為做工太貴，這衣料王繼春一直留著未做。

王繼春回上猶養病，蔣經國放心不下，又一次到上猶看望。這回王繼春看起來氣色比以前好多了，蔣經國很高興。下午他帶蔣經國參觀縣立中學，蔣經國看著這所從刑場荒郊建起的中學，有五、六百學生在學校讀書，十分感慨和喜悅。回到王繼春的住所，蔣經國要他好好休息，自己到外面散步。城牆旁邊有幾百人在修路，蔣經國故意問一個老人：「你們的縣長姓什麼？」老人回答：「姓王。」蔣問：「你們的縣長好不好？」老人抬頭看了一下蔣經國，說：「他是我們上猶第一個好縣長。」蔣又問：「難道你們不苦嗎？」老人回答：「我們苦，縣長也苦。」

這次行政會議是在上猶剛建好的民眾大禮堂開的，蔣經國也參加了。開完會，蔣經國同王繼春合影，又到王家裡吃了碗稀飯。告別時，王繼春送出東門，戀戀不捨地，最後說了一句：「專員，再會！」蔣經國走上剛修好的上猶通向唐江的公路，走了半里，回過頭來看，王繼春還站在城門口上。誰都沒想到，這對情同手足的戰友加同志，竟是以這種相知相惜的方式走向永訣。

王繼春的病勢一天天沉重，肺結核已進入晚期。為了挽救他的性命，贛南專署把他轉到泰和省立醫院診治。沒想到這所省立醫院徒有虛名，內部管理和服務品質都很糟糕。一九四二年十二月，蔣經國從重慶回來，知道他住進泰和，打電話過去沒找到人，於是連夜寫了一封信給他。過了幾天，蔣要祕書去看王繼春，想把王接到贛州醫療。後來，蔣經國專程到醫院看望，王繼春拉著蔣的手說：「專員，我不行了，我要回上猶，回縣中，看望我的學生，看望民眾百姓，我死也要死在上猶！」

年底，蔣經國到南康拜望王繼春的老父親，看老人住處偏僻、屋舍簡陋、衣服破舊，讓他心裡很不平靜，對身旁的人說：有誰會相信這是縣長的老太爺呢？誰會相信這是縣長的家呢？

王繼春雖住進省立醫院，因家貧無力負擔醫藥費，需典當籌資。上猶縣政府匯款五〇〇元當治療費，王繼春卻拒收，還令勤務員匯回縣政府。院方不相信一個縣長連買藥的錢都沒有，嫌他小氣，不給他吃好藥，以致病情無法改善。一九四三年初，蔣經國第二次從重慶回來，聽說王繼春的病又厲害起來了，而且還獲知，泰和醫院以為王繼春小氣不願付錢而不給好藥，立即向省立醫院說明，他會負擔王繼春的一切藥費。

三月初蔣經國在贛南主持一個行政會議，接到省立醫院傳來王繼春病危的通知，泰和來的人傳話，說王繼春想最後見他一面。蔣經國心裡非常不安，開完會第二天早晨就趕去泰和。此時王繼春已處於彌留狀態。他身上蓋了一條骯髒不堪的棉被，下面墊了一條草席，看見蔣經國像見到親人，說了一句：「專員，我病得不堪了！」蔣經國只得裝出笑容，安慰他好好休養。蔣經國還問：「醫院怎麼樣？」王繼春說：「一言難盡！」

下午，蔣經國又去看王繼春。王睡著了，一聽是蔣經國的聲音，馬上睜開眼睛，說：「專員，請坐，我要跟你談上猶的事情。」蔣經國安慰說：「過兩天我接你到贛州去，我們到贛州談好了。」因公事纏身，蔣經國當夜就趕回贛州。一到贛州，蔣經國就替王繼春準備房子，請醫生。第三天晚上他接到電話，王繼春於三月七日下午六時二十分在泰和省立醫院病逝，得年僅三十五歲。死後，王繼春連雙襪子也沒有，只剩下滿裝書籍的舊箱一個，破毯一床，身外別無他物。他生前自況「一生貧病苦，滿門鰥寡孤」，不幸成了讖語。

蔣經國又趕到泰和看王繼春。這時王繼春已被移到太平間。那是一間破爛不堪的小房子，王繼春就躺在一副木板上，身穿一件白的襯衫和襯褲，腳上沒穿襪子、鞋子，身上也沒有東西蓋著，只有那忠實的勤務兵守在那裡。蔣經國看見自己的朋友這樣悲慘的下場，再也忍不住失聲痛哭起來。他按照王繼春遺願，用石灰新花布被單裹著，在泰和買好棺材，運回贛州。在贛州他要為王繼春進行大殮，辦喪事。

那天晚上，蔣經國忍住極大的痛苦，去安慰王繼春的老父親。老人的三個兒子都先後走了。他不敢向老人開口，但不得不開口。其實老人早得到了噩耗，強忍著痛苦對蔣經國說：「繼春沒有福氣，專員，你不要太難過了。」蔣經國說：「以後家裡的一切事情，我會來照顧的，請老人家放心！」

王繼春遺體於一九四三年三月九日運回贛州裝殮。下午二時半，蔣經國率眾官員在三康廟渡口等候靈柩，一直等到天黑還是沒有等到。原來，當靈車進入贛州境內，沿路有人祭奠給拖延了。晚上七時半，趁著汽車的燈光，大家終於看見靈車，等靈車上了岸，一千多人的隊伍都點起火把，一直送到農場。

追悼會的前一天晚上，蔣經國召集上猶四個代表到他的辦公室，通報了把王繼春運回贛州的經過。待王的靈柩運到龍嶺，蔣經國又叫四代表蹲在王的墓前，告知為什麼把王縣長墓地定在這裡。蔣經國選擇龍嶺為王繼春埋骨之地，是因有一次贛州遇空襲，他同王繼春過西河大橋進龍嶺，在龍嶺的桐蔭下休息時，王繼春說：「這地方空氣新鮮，風景優美，我很喜歡這裡的靜寂。」蔣對王的深切情誼可見一斑。

三月九日，贛州各報發表了王繼春去世的消息。《正氣日報》刊登了〈蔣專員訓令〉、〈蔣專員談話〉和〈告上猶同胞書〉，以及社論〈悼政治戰士王繼春縣長〉。還刊登了王克浪、漆高儒的悼念文章，標題分別是：〈悼王繼春縣長〉、〈事業生命，萬古長青——悼寫上猶王縣長的生平〉。

三月十一日起，《正氣日報》又陸續發表主筆曹聚仁的悼文，記者鮑必驥的通訊以及治喪委員會的〈公告〉，還有〈蔣專員為王縣長病故，電勉四區各縣長〉的新聞等。蔣經國在訓令中宣佈：上猶中學、唐猶公路、新建的街道圩場，一律以繼春命名。他又在談話中強調指出，王縣長是亂世時期難得的革命戰士，上猶得有今日之新面目，是王縣長三年心血成果。王縣長病危時還對人說「我死也要死在贛南！」

一九四三年三月十七日，贛州南門外中心農場大禮堂舉行了追悼大會。蔣經國為王繼春寫的輓聯是：「半世飄零，死猶做客，只贏得兩袖清風，循吏傳中誇首繼；一生貧病，終未成家，最怕聽滿門鰥寡，杜鵑聲裡哭殘春。」把「繼」和「春」都嵌入其中。由於王繼春無兒無女，追悼會是由他的老父親在靈前陪弔答禮。蔣經國發表演講，語氣沉痛地說：「去年南康縣長王後安逝世，等於斷了我的一隻左手，今年上猶縣長王繼春病故，等於斷了我的一隻右手。」蔣經國說王繼春不是因肺結核而病死，而是被腐敗的社會所吞噬，他聲淚俱下地讀〈哭王繼春〉悼文，痛斥：「這到底是什麼世界？這到底是什麼天下？」

蔣經國和王繼春從一九三八年秋天相識，到一九四三年三月王繼春逝世，兩人短短不到五年的相處時間，由於年齡相近、志同道合，都想在贛南做出一番事業，既是「建設新贛南」的同志，更是親如兄弟的戰友，沒想到就以這樣令人鼻酸的方式永別了。

讀了蔣經國與王繼春在贛南的故事，相信不少人和筆者一樣，都被兩人真摯的情誼所感動，也對蔣經國民胞物與的襟懷，有了更深刻的理解與認識。事實上「贛南經驗」對蔣經國影響十分深遠，林孝庭在《蔣經國的台灣時代》一書指出，三〇年代蔣經國在贛南所展現的施政作為，極大程度形塑了往後半個多世紀他的領導風格。他以身作則，勤跑贛南各地視察；不擺架子，短裝草履穿梭在黑巷農村內巡行，與民眾天南地北任意交談。早年俄國生活的刻苦經歷，讓他比一般官僚對於民間疾苦有著更深層的體悟。

林孝庭還提到，抗戰時期中國各地因民生物價上漲所帶給老百姓的痛苦，蔣經國比任何人都要來得敏感；一九四一年初，在日軍嚴厲封鎖下，贛縣米糧供應出現嚴重短缺，導致糧價高漲，而江西省政府又無具體對策，這令坐困縣城的小蔣憂慮非常，心神不安，最後以「計口授糧」緊急措施來度過難關。此種不以「官二代」自居的親民作風，延續了四十年之久，即使在台灣時期他當上了行政院長、總統之後依然不變。

確實如此。筆者曾在蔣經國晚年日記發現以下記載：

一九七九年九月十二日日記：「我主張提高稻米收購價格百分之十，政府中有人反對之，他們不知政治之現實，本身亦沒有嘗過勞動者之生活滋味，生活背景對於決策之關係和影響是很大的。」當時財經官員多有主張採市場機制處理糧價，但蔣經國堅持必須優先照顧農民。

另外蔣經國經常到偏鄉離島巡視，關切基層民眾生活是否改善。一九七八年八月三日日記記載：「目睹七美和望安兩離島民眾生活之改進和地方建設之進步，至為欣慰。可知社會之改造並不需要流血革命的；誰能想到望安島的漁婦，已可用長途電話和遠洋作業的丈夫通話了。」

蔣經國對榮民尤其充滿感情。一九七九年底他到花蓮巡視，十二月十二日日記記載：「到花蓮水源村，山明水秀，滿山竹林，好住處也。傍晚到花蓮榮家慰問榮民以盡我心。我對他們有說不盡的深情，他們可稱之謂聖人，當之無愧。他們自大陸隨政府來台已三十年，年齡平均已七十以上，政府所能照顧的亦不過是夠吃、夠穿、可以住。他們的精神是孤苦、寂寞的，我實在覺得對不起他們！安貧樂道、心安理得，榮民也。」

還有一九七九年十二月二十一日日記：「每次巡視榮民之家，看見榮民們多衰老、尤其久病在床的苦境，看了心痛如刀割。榮民一生從軍，今日又無親人，看了實在太難過了。他們看見了我，不但毫無怨意，而且親如家人，使我感動到流出淚來。」

過去常有人說蔣經國愛民是裝出來的，他是因為實施高壓統治，為了博取民心而刻意政治表演。但日記是私密性質，他寫這些日記時已是一國元首，不需要藉此「博版面」，於此更可看出他真情流露的一面。

蔣經國與王繼春是有著共同理想的患難之交，他們都懷抱著「建設新贛南」的藍圖，想為這個苦難深重的國家做出一番新氣象。蔣視王如左右手，情同手足之外，更是人生難得的知己。尤其王繼春廉潔自持、一毫不取，卻因窮得交不出醫藥費，在醫院得不到好的照顧而病逝，讓蔣經國忍不住在追悼會上痛斥社會的腐敗。

然而，蔣經國為什麼會在王繼春死後十一年，在日記上說雙胞胎是王繼春與章女所生的？請看下一章說明。

第二章

王繼春是雙胞胎的生父嗎？

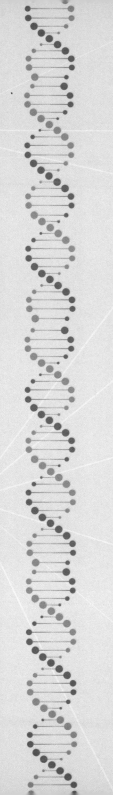

王繼春家境貧寒，身材矮小、又染有肺病，從章、王兩人的出身背景看，時髦年輕的章亞若不可能愛上家徒四壁的王繼春，何況章亞若還有娘家和婆家二十多口人要靠她養活。再者，王繼春兩個哥哥早逝，家中只剩一位老父，如果他有後代，王父沒有道理去隱瞞。但王繼春死後的追悼會上，卻由年過七旬的老父在靈前代為答禮，可見蔣經國日記寫的並非事實。

一九四三年三月王繼春過世後，蔣經國對這位人生難得的知己仍常留懷思，並不因時光流逝而遺忘。一九四六年九月他從貴州寫給贛南朋友一封公開信即〈東望章貢合流〉一文中，曾深情地說：「今春由莫斯科返國，途中因為氣候的惡劣，飛機在中亞細亞的一個小城中被迫降下來，在那裡住了三天之久，四周都是沙漠荒地，感慨殊深！有一夜夢見崆峒大火，驚醒之後，即回念亡友後安、繼春二兄之平生不已，直至東方發白，方閉目入睡……。我雖遠離贛南而遠方，但對贛南之父老……何嘗一日忘懷。」

隔了八年，人在台灣的蔣經國又在夢中想起王繼春，並於一九五四年十月三十日的日記中，記下他與王繼春「並坐於河邊之大樹下，雖未講話，而夢中之所見，有如在生之時一樣……。」他夢見與王繼春相見的地點，應當就是在贛州附近的龍嶺。蔣經國把王繼春葬在龍嶺，因為王繼春生前曾說喜歡那裡的優美與寂靜。

而在上猶文聯主席李伯勇編寫的專文中也提到，一九四一年蔣經國曾關心王繼春仍然單身，勸他早點結婚。但王家境清寒，本身又有肺疾，在目睹家中兄長過世給父親和兄嫂帶來莫大的拖累後，為了不拖累別人，決定終身不娶。但他還是感謝蔣經國的關心，笑著回說：「那就請專員留意、留意！」

至於蔣經國有沒有介紹對象給王繼春，專文中並沒有提及。筆者翻查許多關於王繼春生平的資料，都沒有出現王繼春曾和章亞若交往的記載。而當時蔣經國已經和章亞若陷入熱戀，他再怎麼關心王繼春的終身大事，總不可能介紹自己心愛的女友給他。但是蔣經國卻在一九五四年十月三十日的日記中稱「繼春在生時曾與章姓女相識，未婚而生孿子……。」這到底是為什麼？

兩年前筆者剛看到這段日記時，曾提出若干疑點，包括：

一、蔣日記並未提及王死後留下與章女生的孿子，為何卻在十一年後另有此記載？

二、章亞若一九四二年三月生下雙胞胎，蔣在一週後的日記中曾有記載：接電報知亞若已生二孿子，欣喜至極。倘雙胞胎非其所出，何須電報告知，又何來欣喜至極？

三、還有章亞若死於一九四二年八月，王繼春則是一九四三年三月病逝。章生產時王仍在世，倘雙胞胎確為王繼春所出，為何當時他沒在桂林陪產、而要蔣去當保人？且章生產時，蔣人是在贛南而非桂林，因此手下才會打電報告知，蔣如何成為醫院保人？

而在該書出版後，陸續有不少讀者提出不同的看法，茲以前新聞局官員陳兆熙來信為例。陳兆熙認為：

一、依邏輯，如十一年前無流言，或雖有流言，但傳佈不廣，就沒有要在日記中提及此事之理。但到了一九五四年，如果此一流言讓蔣感到困擾，那就不同了。

二、當時民風尚保守，章未必願意讓人知曉孩子的父親是誰，而且縱使王是孩子的父親，因在法律上與章無親屬關係，醫院恐亦難接受由他做保。但蔣的身分不同，由他出面，諒醫院不敢為難。所以蔣做章住院的保人，也許是一仗義行為，不能就此斷言他是孩子的父親。

三、章王均為蔣之忠實部屬及親密好友，且蔣尚係章之醫院保人，如他主動關照桂林方面報告有關章之生產情形，應合情理。況且，當他得知章產後母子平安時，會「欣喜至極」，似正可顯示嬰兒非他私生，否則以他的身分，有了婚外子，當是煩惱之源，其感受似宜應憂喜交集，而非「欣喜至極」。

陳兆熙還提出他主張雙胞胎非蔣經國所生的其他有關跡象，包括：

一、孝嚴曾對媒體說幼時清苦，舅舅開雜貨店，收入菲薄，王昇定期接濟，但錢亦有限，也很少探望他們。蔣從未召見過孝嚴兄弟，孝嚴僅於任職外交部科長時，在一公開酒會中，遠距離地見過蔣一次而已，且無交談，孝慈更從未見過蔣經國本人。以人情來看，蔣對此孿生兄弟似無多大親情，不像是對待骨肉，較像是照顧故人遺孤。

二、蔣不但在日記中否認是孝嚴兄弟的父親，當蔣夫人宋美齡問他此事時，他亦同樣否認。他也從沒告知孝嚴兄弟與他們有骨肉之親，即使王昇，亦未對孝嚴兄弟說過蔣為其父，孝嚴兄弟是由外婆處得知自己的特殊身分，但外婆對女兒的私生活必定清楚嗎？

三、如孝嚴兄弟是蔣的骨肉，王昇知曉此一絕對機密，依傳統之政治行為，可能有兩種情況發生：一是蔣只能任由王抓權跋扈，不敢處治，以免得罪。另一是讓王永無機會洩密。但就「少康辦公室」案王被蔣懲處的情形看來，以上兩者皆非，不像王掌有蔣個人私密的樣子。

四、孝嚴兄弟的名字中，與蔣的兒子一樣，都有個「孝」字，如這名字是由蔣或他們的母親所取，那麼此中可能就有玄機。但如果是由外婆或舅舅所取，即不能排除這是因認知有誤而造成的結果。（按：據《蔣家門外的孩子》，取名孝字

輩是蔣經國赴重慶請示父親後，回來告訴章亞若，章再告訴了雙胞胎的外婆，外婆來台後再告訴孝嚴兄弟）

他說以上四點中，除第四點：孝嚴兄弟的名字中也有「孝」字外，其餘各點，如以「非蔣子」的角度去解釋，比較說得通。有跡象顯示蔣可能確非孝嚴兄弟之父，但不排除蔣和他們母親間有戀情。

除了陳兆熙的推測，還有許多人對雙胞胎是否真如蔣經國日記所稱，是王繼春與章亞若所生，也有各式各樣的說法。一位熱心的朋友，甚至拿了王繼春、郭禮伯生前照片及生辰資料，請特異功能人士比對他們兩人究竟誰是雙胞胎的生父，說明這個問題是如何地吸引人們關注。

筆者從諸多資料中得出的結論是，王繼春雖是蔣經國的患難之交，但他不可能是雙胞胎的生父，理由如下：

一、王繼春身家貧寒，一心只想報效國家，不幸的是身體瘦弱，染有肺病，因此也無意娶妻。蔣經國雖曾關心他仍單身，但那恐怕只是關心而已，更不可能把章亞若介紹給王繼春。

二、從章、王兩人出身背景來看，時髦年輕的章亞若不可能愛上家徒四壁的王繼春，何況章亞若有娘家和婆家二十多口人要靠她養活，為了挑起這份重擔，只有像蔣經國或郭禮伯這樣的達官貴人，才能幫上忙給她接濟照料。

三、王繼春兩個哥哥早逝，家中只剩一位老父，如果王繼春有後，絕對是王父莫大的安慰，沒有道理去隱瞞。但王繼春死後，蔣經國為他舉辦的追悼會上，卻因為王繼春無兒無女，而由年過七旬的老父在靈前代為答禮，可見蔣經國日記所謂王「生時曾與章姓女相識，未婚而生孿子……」並非事實。

那麼蔣經國為何要在日記上造這個假呢？筆者認為有幾種可能：

一、移情作用：蔣經國確曾關心王繼春的婚姻問題，勸他早點結婚。王繼春死時才三十五歲。蔣經國對這位摯友「一生貧病苦，滿門鰥寡孤」，死後連一個可以祭拜上香的後代都沒有，自然是感到遺憾和不捨的。那麼他會不會是因為過度思念好友，在「移情作用」下，就在日記上為王設法「找到後代」，以彌補這份缺憾呢？

二、煙幕彈：蔣經國來到台灣後，由於某種原因，促使他決心抹去與章亞若這一段情的回憶，唯一讓他牽掛的是雙胞胎。後來他可能從別的管道，得知雙胞胎生父或許另有其人，心中產生了疑問，因此才不想或不便與雙胞胎見面。但雙胞胎究竟何人所出，仍須有所交代，而王繼春已經逝世，又無後人，是可以放心「借用」的對象。

蔣經國日記上說「後來竟有人誤傳此孿子為余所出」，如果雙胞胎真的不是他的骨肉，也不是王繼春和章亞若所生的，會不會還有第三位可能的人？這個疑問，筆者將在後面章節交代。下一章將從章亞若的身世，以及她的第一段婚姻談起。

第三章

章亞若的第一個男人——媒妁姻緣的表哥丈夫

●章亞若從小天資聰穎、能歌善舞，初中就讀美國教會學校，十五歲就嫁給遠房表哥唐英剛。婚後兩人生下兩個兒子，但因彼此性格上的差異，這樁婚姻最後卻以悲劇告終。唐英剛自殺後，唐家人以不守婦道、謀殺親夫，將章亞若扭送到拘留所，並狀告江西省高院院長魯師曾，為此還牽扯出一段中華民國大陸時期著名的司法案件。

關於蔣經國和章亞若從共事到相戀的經過，坊間已有不少相關著作，筆者特別看重徐浩然和李以劻兩位先生的記載。

徐浩然先生是章亞若的同鄉、同事，他們都是南昌人，都在贛州行政專署當過蔣經國的手下，且徐擔任贛州城區區長時，章亞若和母親周錦華帶著一家三代就住在他的管轄區內，蔣經國經常往來於章家，對於兩人的戀情，徐浩然自然是比較了解的。

李以劻將軍是黃埔第二期畢業，曾兩度相隨於蔣經國，第一度在江西贛州，蔣經國當江西軍管區新兵督練處處長，李任九十二師野戰補充團團長，奉命向新兵督練處接收新兵兩千名，並接受蔣的督練。第二度在南京，蔣經國時任國防部預備幹部局局長，李任國防部部屬高級參謀，被蔣調至該局服務，成為他的幕僚。

以下是參考徐浩然於二〇〇一年出版的《蔣經國章亞若在贛南的日子》，以及李以劻一九九五年發表於《傳記文學》的文章〈兩度相隨蔣經國的經過及見聞紀實〉。先談章亞若的身世與她的第一段婚姻。

章亞若的父親章甫，字貢濤，原籍江西省新建縣吳城鎮，他用功好學，十六歲那年趕上清末科舉的末班車，中了秀才。科舉廢除後，他先應聘到南昌一所小學當教師，後升為校長，之後又調至江西省教育司任職。辛亥革命爆發後，江西推行新政，章貢濤曾有機會到日本留學，因考慮家有妻小而放棄。後轉赴北京，到法政大學攻讀法律，畢業後在北京市政府擔任祕書，半年後又回到江西教育司任職。後來還當過五省聯軍總司令孫傳芳統治下的遂川縣長及贛西稅務司長，北伐勝利後一九二六年回到南昌掛牌當職業律師。

章貢濤歷經清末、民國的動盪時代，又曾在教育界及法律界長期工作，是一位具有新觀念的人物，對子女的教育很重視。妻子周錦華小他五歲，是富商周亮生的女兒，十四歲與他結婚，婚後兩人生了十一個兒女，撫養長大的有七人。大女兒章懋蘭畢業於北京女師大，後與學法律任法官的劉光勛結婚。章亞若在家排行老三，下面有兩個弟弟、兩個妹妹，大弟章浩若就讀山東大學新聞系，大二時抗戰爆發棄學從軍，曾官至上校。章亞若猝死桂林以後，他為了減輕母親家計重擔，在蔣經國的安排下，轉至貴州銅仁擔任縣長，把全家老小包括孝嚴、孝慈這對雙胞胎兄弟全接了去，安度了抗戰後期三年多的平和生活。

章亞若一九一三年生於江西新建縣的吳城鎮，後隨家人進住南昌右營街。她天資聰穎，在父親的薰陶與悉心調教下，五歲即能朗吟唐詩名句，七歲入讀小學，成績優異。一九二五年，章亞若考入南昌葆靈女校，這是由美國美以美教會興辦的貴族學校，不但師資優良、教學設備先進，且高中畢業成績優異者可直接赴美國讀大學深造。章亞若聰明好學，初中三年輕鬆愉快讀完，中學畢業前即常以章蘋為筆名寫文章、吟詩作聯繪畫。她不僅對詩詞歌賦有興趣，還能彈琴、下棋，參加過歌劇，表演過平劇，可說是學校的風頭人物。當她正準備要升高中時，十五歲那年就奉父母之命，嫁給了遠房大表哥唐英剛（原名唐英江，江西口音江讀剛）。

唐英剛原籍也是新建縣，祖父在清末當過縣令，是個大戶人家。他母親和周錦華情同姊妹，兩邊家族時相往來。唐英剛從小喜讀古文詩詞，常來章家求教章父，和章亞若也可算是興趣相投的青梅竹馬，因此十八歲高中畢業那一年，就在章亞若二姑媽章金秀牽線、兩方家長同意下，娶了章亞若。婚後兩年，生下兩個男孩，取名大衍、小衍，即唐遠波、唐遠輝。

但這樁婚姻最後卻以悲劇告終，原因出在兩人性格上的差異，而這個矛盾又與各自成長的環境和所受教育有關。唐英剛重禮教，觀念上比較保守，他希望章亞若在家做一個好媳婦，教養兒子，服侍老母，不願她在外拋頭露面。章亞若成長階段讀教會學校，眼界寬廣，不想自己被困在家裡。她要外出工作，發揮才學實踐自我，獲得經濟獨立、人格獨立和社會地位。她幾次找丈夫溝通，都被拒絕，於是就吵了起來。兩人天天吵、夜夜吵。她曾寫信給丈夫，信中說「你我淡漠已三載，看來我不是一個好妻子，可我又無法改變我自己。我想，與其你我相互羈絆，不如各自還其自由，社會日趨開明，你不必背上『休妻』的重負。你我都還年輕，今後的日子還很長。離開了我，你會幸福的。我只是希望你永遠永遠是我的好表哥。你的不賢良的妻」。從她寫給丈夫的信件來看，她對唐英剛別無抱怨，只不過兩人志向不一樣罷了。

後來是唐母出面說情，唐英剛才勉強同意讓妻子外出工作。章亞若透過父親引介，報考省高等法院文書招募考試，還考了第一。這時唐英剛在南昌法院看守所任職，章亞若新職的名望和地位都比他高，唐英剛嘴上不說，內心卻是悶悶不樂極了。章亞若在省高院上了一段時間的班，不料卻遇上一個色鬼上司劉副院長，一些流言蜚語傳到了唐英剛的耳裡，為此兩夫妻又吵了起來，這回吵得比以前激烈十倍，以致章亞若斬了自己的小手指，來向丈夫表清白。

不久，省高院院長魯師曾將唐英剛從南昌法院看守所調任新建縣監獄當文書。一九三五年三月，唐英剛在章亞若衣服內發現一封情書，被章奪出撕碎（唐氏家人判斷出軌對象為院長魯師曾）。兩人的吵鬧再次升級，到了不可調和地步，章亞若便回娘家暫時與丈夫分居。十二月中，兩人又起矛盾，章稱平日「受辱虐待」，要求離婚，章父調解未果。十二月二十日，就傳出唐英剛的死訊。

關於唐英剛的死因，當時國民黨辦的《東南日報》一九三五年十二月二十五日一篇發自南昌的通訊，說他是憤妻棄舊服毒自殺，服毒地點在南昌新旅社，留下四封遺書，稱章「在家儼似國王」、出軌事實「筆楮難宣」。同一天江西《民國日報》也以大半個版面刊登了這則消息，並將死者生前留下的四封遺書發表出來，一時間滿城風雨。但根據郭禮伯的說法，唐是自己投井溺死的。徐浩然則稱，唐英剛因為整天生悶氣，體質漸弱，有一天送老友乘船過江，突遇風暴翻船落水，救起當晚受風寒發燒，轉急性肺炎，未及時得醫而命喪黃泉。還有人說，是章在和唐一起搭渡輪時推他下水的。

唐家指責章亞若不守婦道、謀殺親夫，將她扭送到拘留所。一九三六年初，唐家人狀告省高院院長魯師曾，為此還牽扯出一段中華民國大陸時期著名的司法案件。當時剛從天津調來的檢察官張汝澄調查此事，調查過程中發現種種證據，指向江西省高院院長魯師曾涉有重嫌，想為唐英剛屈死的真相伸冤。但魯是司法院院長居正的同鄉紅人，與司法院首席檢察官林炳勛也私交甚密，林便百般阻撓部下介入此案。與此同時，負責調查的張汝澄突被指控嫖娼而移送懲戒。後來證實是有人刻意誣告，目的為掩飾魯師曾與章亞若私情而混淆視聽，國民政府「公務員懲戒委員會」最後對張做出了不懲戒的決議，但也順利轉移了「魯案」的焦點，該案就此不了了之。

關於這段離奇的司法案件，二〇一七年十二月六日中共中央政法委的機關報《法制日報》，刊載的一篇由華東政法大學教授龔汝富發表的文章〈民國中葉的司法亂象——一九三六年檢察官張汝澄被誣嫖娼案〉，有極為詳盡的說明。

無論如何，經過極其慘烈的過程，章亞若好不容易結束第一段婚姻的羈絆，但沒多久她又捲入另一段感情的糾結，最後還因為跟蔣經國的戀情付出生命的代價，真應了「紅顏薄命」這句古話。

第四章

郭禮伯、蔣經國與章亞若的多重關係

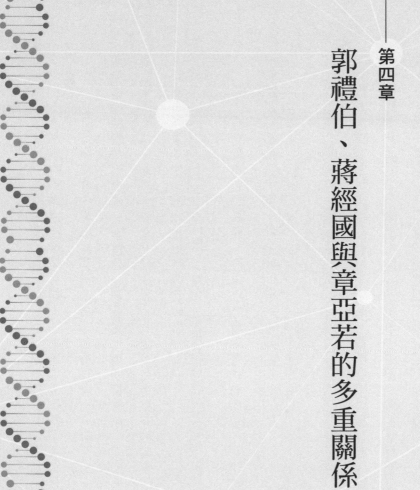

●

一九三四年郭禮伯在南昌勵志社認識了章亞若，不久章因前夫自殺被送進拘留所，郭禮伯「英雄救美」進而「金屋藏嬌」，兩人在一起五年多。一九三七年蔣經國從蘇聯回到中國，郭禮伯受老蔣託付協助指導他，兩人來往密切，蔣也知道郭與章的關係，以「大哥的女人」對待章。一九三九年郭奉調至重慶任新職，與蔣商量安排章到贛南專署工作，由此譜出蔣與章的戀情。

郭禮伯是黃埔一期畢業，蔣介石的嫡系門生，但過去在台灣除了極少數人，恐怕都沒有聽過郭禮伯這名字。他是如何進入章亞若生命的？

最早在公開著作談到郭禮伯的，應是資深媒體人周玉蔻，在她一九九〇年出版的《蔣經國與章亞若》書中，有以下記載：章亞若因外型亮麗、性格活潑，讓不少男性為她神魂顛倒。傳說中，南昌一位師長級軍中將領郭禮伯強行娶章，甚至有人說是納她為妾。章的兒子唐遠波、侄兒章修純都聽長輩提起過郭禮伯此人，據他們了解，是因為章與郭家夫妻來往密切，彼此拜訪頻繁，進進出出多了，在外人猜測之下起了流言。章亞若的妹妹亞梅則說，以亞若開朗的個性，交朋友是有，但其他關係，穿鑿附會誇大聯想者居多，這些傳言都沒有具體根據。

書中另提到：曾任專員公署主任祕書的徐君虎，一九八九年七月在長沙接受周玉蔻訪問時表示，一九三九年初春的某一天，蔣專員交給他一封信，要他找寄信人談，看看能否幫忙。寄信人就是章亞若。據徐君虎回憶，章在信中痛陳遭人強迫納妾，又被遺棄的遭遇。徐後來從傳聞中得知，強迫章做妾的就是郭禮伯，而將章逼出郭家的，則是郭的元配。這位郭禮伯後來也隨政府遷台，做過縣府主管。

這是解嚴初期關於郭禮伯與章亞若極有限的記載，明顯看出以聽說、轉述成分居多，且對郭帶有一定的貶抑意味。但隨著更多見證人接受訪問或回憶資料問世，郭、章交往的真實面貌終於比較完整地呈現出來。

據二〇一〇年出版的《我的父親郭禮伯》一書（以下簡稱郭書），章亞若在南昌高等法院擔任文書工作時，家中兩個兒子由婆婆幫忙照顧，她無後顧之憂。此時章只有二十歲出頭，打扮入時，穿著流行，敢於嘗試新鮮事物，經常活躍於南昌上流社交圈，「勵志社」正是她經常去吃飯、跳舞、看電影、游泳和結識新朋友的場所。一九三四年七月，運動員楊秀瓊到南昌表演，引發游泳熱潮。中將參議郭禮伯也去勵志社旁邊游泳池學習，郭章兩人就是在那裡認識的。

另外，曾兩度追隨蔣經國的李以劻將軍，一九九五年於《傳記文學》雜誌發表的專文（以下簡稱李文）也提到，郭禮伯當時是江西省國民軍訓處處長，掌管全省大學及中學軍事訓練工作，為人溫和風流，熱愛文娛，在勵志社舞會及觀劇時認識章亞若。

「郭書」指章亞若吸引郭禮伯的地方，除了她的聰明智慧、多才多藝和善解人意的個性之外，章還會表演京劇，郭又非常喜歡欣賞京劇，因此對她特別有好感。「李文」

也說章亞若一個年輕女子，能為郭禮伯所看中，主要不是貌美，乃是多才多藝，能文能詩能詞能賦，歌舞書畫俱能。

但其實郭禮伯、章亞若從相識到相愛，還有一段「英雄救美」的過程。

據「郭書」記載，當章亞若因唐英剛案被唐家扭送法院後，郭禮伯曾到拘留所探望，第一句話就問她：「究竟怎麼回事？是你做的嗎？」章說：「我發誓沒有謀害他，是他自己賭氣投井的。他個子那麼高大，我怎推得動他？但是唐家人不相信，硬說是我幹的，一定要置我於死地！」章還對郭禮伯發了毒誓。郭相信她的話，於是就出面和治安機關交涉，力保她獲得開釋出獄。郭禮伯當時官拜中將，又是「江西省國民軍事委員會」主任委員，還擔任「復興社」（又稱藍衣社，是民國時期的祕密組織）江西幹事會總幹事，以這個身分出面與法院和警察機關交涉章的開釋，自然是輕而易舉的。

郭在章遇到危難和生死關鍵時刻，對她伸出援手，令她感動萬分。後來就以祕書身分，成了他的紅粉知己，開始他們長達七年的交往。但郭畢竟是有家室的人，所以還得低調行事。為了方便和隱蔽起見，郭就在南昌東湖自古有名的渡假勝地——百花洲小島租了一間屋子，作為兩人約會同居之地，時間從一九三四年到一九三九年避難贛州，將近五個年頭。「李文」也提到，郭納章為如夫人後，金屋藏嬌於南昌百花洲附近。

但是紙終究包不住火，郭禮伯藏嬌之事，還是被夫人趙氏發現了，為此家庭掀起風波。趙氏把章送給郭的書法和字畫全部撕毀，章也曾直奔郭家大廳吵鬧。章亞若希望郭家能承認她在郭家的地位，但不為郭夫人趙氏接受，於是家裡整日為此爭吵不休，郭禮伯也很痛苦。當時他家雖住南昌，常需出外忙於軍務，不在家的日字，可以暫時逃避現實，但問題始終沒有解決。

「李文」亦證實，他一九三九年一月認識郭氏，曾去南康拜訪他多次，郭家是一座兩層小洋樓，院內種有大樹，他親眼看到郭的妻妾爭吵。有時打起來，郭噤若寒蟬，從不開口相勸，也不偏袒誰。

至於郭禮伯和蔣經國認識，則是在郭與章同居以後的事。據「郭書」，郭和蔣的來往，開始於郭認識章三年以後的一九三七年。

一九三七年四月蔣經國從蘇聯回到中國，先在故鄉浙江奉化住了一段時間，七七抗戰爆發後不久，一九三七年秋天他被安排擔任江西省保安處副處長兼新兵督練處處長，帶著夫人方良和長子孝文一家三口，從奉化來到南昌，暫住於「復興社」轄屬位於贛江邊下沙窩的「勵志社」南昌分社招待所。「勵志社」是當時許多外國援華人士包括蘇聯的顧問人員，都喜歡停留的地方，因為它除了有賓館提供住宿用餐，還經常舉辦跳舞、戲劇和文藝表演等活動，這對剛到南昌、人生地不熟的蔣家也比較方便。

有一天郭禮伯接到電話上廬山見蔣委員長，蔣夫人宋美齡和蔣經國也在座。蔣介石要郭禮伯協助指導蔣經國，因為郭不但是老蔣的學生，又帶過兵、打過仗，比蔣經國還大幾歲（按：郭一九〇五年生、蔣一九一〇年生），在南昌負責軍訓兼「復興社」任務，而且是江西人。此後的數年間，從南昌到贛州，郭禮伯給予蔣經國許多教導和分享，蔣經國態度也很誠懇，一直都以「兄」相稱，兩人此時的關係可以說是亦師亦友，相處得頗為融洽。

據「郭書」，郭禮伯對蔣經國的「協助、指導」也毫無保留。舉凡國家大事，帶兵作戰，軍政派系，四書五經，孫子兵法，領導統馭，圍棋之道，欣賞平劇，辛辣菜肴，比酒鬧酒，江西風土人情，無不傾囊分享，並經常以「師兄」身分，親自帶領他各處實地學習體驗。郭蔣兩家人也經常互訪來往，因為來往密切，蔣不但知道郭和章的關係，也幫郭保密。據書中說，蔣經國在一九三七年到一九四〇年間從南昌到贛州，一直是以「大哥的女人」的態度對待章亞若。

抗戰軍興後次年，蔣、郭、章三人相繼從南昌撤離到贛州。據徐浩然《蔣經國章亞若在贛南的日子》（以下簡稱徐書）記載，一九三八年底日軍突破國軍的贛北防線，直逼修水河北岸，南昌形勢吃緊，省城危在旦夕，軍民紛紛撤離逃難。章貢濤因肺病纏身，擬到廬山避難兼養病，便決定把全家老小七八口人，託付給三女兒章亞若，會同家族其他人包船去贛州。據「郭書」，此時郭禮伯也決定把在南昌的家遷回南康老家，同時協助章亞若把老小一、二十口人，從南昌逃到贛州。蔣經國則將家眷送回老家奉化溪口，單身住在南昌鄉下租的房子。一九三九年三月，日軍已推進到距南昌幾英里的城郊，江西省政府南遷到泰和，難民及政府公務員眷屬也開始往南疏散。南昌在三月二十七日棄守，蔣負責的保安司令部的「新兵督練處」也遷到南邊的贛州。

章亞若和表哥陶俊領著兩家老小在贛州安頓好以後，便與母親商量想出去工作，免得家裡坐吃山空。不料她找了幾個單位應試，人家一聽她是結過婚的寡婦便拒絕。她十分氣憤，懊惱下心生一計，決定隱瞞婚姻史，不讓外人知道。後來，她婆婆帶著唐遠波、唐遠輝兩個小孩從南昌逃到贛州，她就跟他們說要改叫她做三姨。

當時的贛州滿城是賭場、鴉片煙館和妓院，地頭蛇、保安團和劣紳流氓各據一方，平民受盡欺壓，章亞若的日子很不好過。加上郭禮伯常不在贛州，她想爭取在郭家的地位，到了贛州依然沒有改善，還要照顧從南昌帶來的一大家子人，內外交逼讓她痛苦不堪，整日以淚洗臉，盼望早日得到解脫。「李文」也提到，章亞若以二十三歲的妙齡，加上自身才華出眾，做了一個將軍的小妾，但由於家庭不和，加上靠她照顧生活的一群逃難親屬，使她內心十分痛苦。

至於蔣經國和章亞若是如何認識的？不同版本有不同說法，筆者特根據「郭書」、「徐書」及「李文」，綜合整理如下：

第一種說法：據「徐書」，一九三九年三月，蔣經國到重慶「中央訓練團」黨政訓練班受訓，五月終結訓，六月奉派出任「江西省第四行政區」行政督察專員，兼保安司令。當時章亞若大弟媳吳霞的大哥吳驥，也從新兵督練處副處長轉任贛州保安司令部的副司令，章從吳驥那裡得知行政專署和區保安部要招聘一些工作人員，吳還說可以幫章寫推薦信。但章決定自己去應試，要以未婚女子的身分去考，並請吳驥為她保密。

過了一段時間，贛南行政專署果然出告示要招募文書人員，章亞若寫了一封很長的自薦信，指名寄給專署領導人蔣經國，要求應試。蔣經國收到後，交給主任祕書徐君虎，要他與寄信人一談，看能否幫上忙。徐君虎看了她的信，深感同情，立刻約見這位章小姐。蔣經國從崇義回來後，徐君虎向他報告招聘文書的情況，提到章亞若說她學歷太低，不合要大專以上的要求，工作資歷也有限，公署裡並沒有適合她的工作。不過蔣經國看了章的求職信，很表同情，尤其被她信中表現的文筆才氣和娟秀的字所吸引，要徐君虎同意她來考。考慮到章只有初中學歷，專署缺個圖書資料員可讓她做做看。

就這樣，章亞若參加了應聘文書的考試，並補上資料員的缺。雖然只是個低階工作，章亞若把專署的資料室整理得煥然一新，深得蔣經國的賞識。她更主動要求加入救護隊，和男性一樣抬擔架、背重傷難民，往來於救護站，讓徐君虎刮目相看，還得到蔣經國公開表揚。不久，蔣經國把章亞若調至專署下屬的抗戰動員委員會任文書職。章在動員委員會工作如魚得水，無論是上街宣傳，還是寫文章、下鄉做抗戰動員和「三禁」演講，她都積極參加，十分活躍，和蔣經國的接觸也多了起來。

第二種說法：據「李文」，作者李以劻以親身接觸第一人稱記敘如下：一九三九年三月間，駐贛州的陸軍預備第六師奉命歸第九集團軍總司令吳奇偉指揮，準備開拔調至粵東地區擔任作戰任務，這時師長郭禮伯十分著急地請我至其南康家中就談，他本人及妻妾均在座，共同希望我介紹章亞若至新兵督練處託蔣處長安排工作一事，我表示人微言輕與蔣處長交情不深很難開口。次日適逢蔣處長來對我團官兵講話之機，我便報告了經國說明章亞若身世坎坷與多才多藝，郭師長即要上前線，在南康家中妻妾之間勢難相處，如不把亞若離家就業，恐妻妾之間會有互殺之慮，請蔣處長設法解救等情。

蔣經國聽後即慨然允納，曰你可帶她來見云云。我於是通知亞若寫了一封求職信，表示相隨抗日的願望，千萬不可言及家事糾紛及處境悲慘的話，字跡要端莊表示敬意等等。於第三日上午我急帶至督練處再見蔣處長。互談之後印象良好，經國表示可先來督練處搞搞文書，不久經國就任行政專員，亞若就由主任祕書徐君虎安排至專署工作。從此就有了棲身之所，婆婆、母親兩邊家族的吃飯問題都可望解決。

第三種說法：據「郭書」，另有更詳細的交代，包括一段由郭、蔣預先策劃安排章到專署工作的祕辛。

書中提到，一九三九年一月二十八日郭禮伯接到委員長發佈命令，擔任新編預備第六師師長，同時開始進行整編工作，並將該師司令部設在贛州市內。郭知道當預六師整編完畢後，自己就要開赴前線加入對日作戰，如果在開赴前線前，不能將章的問題處理好，恐怕會爆發更大的衝突。不過預六師改編的事宜，因吳奇偉和吳德澤等將領的暗中阻撓，進行得極不順利。最後郭禮伯辭職退讓，改由吳德澤接任第六預備師師長。軍政部通知郭，儘速赴重慶報到，以便繼續參加抗日戰爭任務。

這次的調職意味著郭將要遠離江西一段相當長的時期，他和章五年多來的情分似乎必須要做一個交代，但如何替她在生活及安全上設法做個妥善的安排呢？郭和蔣經國談起這事時，令他驚訝的是，蔣也察覺到他的處境，十分關切，主動提出願意代他照顧章。郭於是找章，首先向章提到他將要調去重慶，而建議由蔣經國來代他照顧她今後一切的構想時，章表示不能接受，也相當的惶恐。

她的想法是，認識蔣也有一兩年了，大家都是好朋友，蔣的為人也不錯。如果到他那裡工作是沒什麼問題。但蔣也是有家室的人，又是「太子」的身分，不希望因為接受了他的照顧，而再一次重蹈涉入他人家庭的覆轍。但是擺在面前的窘境使她痛苦難堪，郭又不能提出一個更合理的解決方案。在贛州，誰不知道她是「郭師長的年輕太太」？但是，在南康，郭家卻容不了她，使她沒有任何地位。再加上自己一大家逃難親人在贛州還要她照顧，怎麼辦？她處境真是糟透了！

經過郭百般的勸說和安慰、提醒她，現在別想那麼多，先到蔣那裡去上班，換個環境，又可以就近照顧家人，豈不是一舉兩得？郭又告訴章，自己即將遠赴重慶軍政部接受新職務，並通知要攜帶家眷到職，自然不方便帶她前往，但將來有空一定會回來看望她。

郭於是和蔣約定好，請人先到南康家裡去，當著夫人趙氏的面，主動表示要替章在蔣的督練處找份工作，再由該人介紹章去見蔣經國，這樣一來，對各方面都有交代，也很自然，應不會引起其他人不必要的誤會和懷疑。於是，就由郭出面，拜託與蔣和郭都熟識的李以劻團長來促成這件事。

一九三九年三月中旬，李以劻受郭之託從贛州來到南康郭家洽談此事。李並不知道郭和蔣經國已經談妥安排章的事。郭夫人趙氏對此事非常支持，共同拜託李儘快介紹章到新兵督練處託蔣處長安排工作。沒多久李就親自帶章去贛州市郊梨芫背「新兵督練處」見蔣。雙方互談之後印象良好，蔣表示可先來督練處幫幫文書，等他從重慶受訓完回來後，再安排新的工作。

不久蔣就去重慶中訓團黨政班第二期受訓，於五月十五日結訓回贛州後，接到指示將於六月一日起接任贛南行政督察專員兼保安司令等新職務。蔣就交代主任祕書徐君虎，安排章到專署工作，從此章就有了棲身之所。只是沒人知道這是蔣和郭兩人為章預先策劃，幕後安排而促成的。由此不但譜出蔣章之間的戀情，也衍生出雙胞胎身世之謎，將在下一章敘述。

第五章

讓蔣經國愛得刻骨銘心的一段地下情

章亞若進入行政公署後，接著又加入青幹班受訓，與蔣經國往來互動頻密，兩人的感情迅速升溫。但這段地下情也讓蔣經國內心很煎熬，從他一九四一年三月到七月的日記可以看出，一方面他確實是發自內心地愛著章亞若，時時想念她的「身體與生活」、並以不能和章見面為苦。但同時他又對章「問心有愧」，而飽受折磨，忍不住在日記中感嘆：「天下之事實在太不公道，為何不能使我滿足此小要求？」

郭禮伯和章亞若自一九三四年在南昌「勵志社」相戀，到一九三九年避難到贛州，轉眼已經將近五個年頭。在這段不算短的時光中，兩人可說經歷了許多悲歡離合、酸甜苦辣和天翻地覆的日子。據「郭書」，在和郭分開這件事上，章對郭是有怨言的，但也是無奈的。一九三九年秋，就在郭禮伯啟程赴重慶前夕和章的臨別相聚中，章對郭說：「在專員公署那裡工作，只是整理檔案，對我來說沒有什麼特別，只不過是一份養家糊口的差事而已。你也知道小蔣是個聰明人，但他也是有心機的人。」

郭去了重慶「軍政部」任新職後，和蔣經國還保持聯繫，尤其蔣每次從贛州到重慶出差公幹時，都會和郭見面敘舊，話題當然離不開談章的事。這時章在贛州專員公署擔任文書工作，一切還算平靜無事。但蔣的言談當中屢次提起對章的處境深表同情，並對她的才華出眾及善解人意的個性格外欣賞，請郭放心，他會好好照顧她。接著郭又聽說章於一九四〇年上半年，加入了蔣在贛州市郊赤珠嶺舉辦的「三民主義青年團幹部訓練班」第一期受訓，時間為半年，認為章和蔣發生進一步關係的時間，應該是她青幹班受訓完，回到專員公署任職之後。

關於章亞若進入青幹班的過程，在徐浩然《蔣經國章亞若在贛南的日子》中有更詳細介紹。據「徐書」，一九三九年底章亞若在一次下鄉工作時，遇到在葆靈女中的同學桂昌德，聽她說是要到赤硃嶺參加「青幹班」受訓，還說了進「青幹班」的許多好處，讓章亞若心嚮往之，於是就去投考。第一期青幹班共錄取一百五十多名，包括大專院校畢業的流亡學生、中央軍校三分校選派的學生、加上從贛州各中學和其他各縣來的，章亞若只有初中學歷，但蔣經國再度破格同意讓她進入青幹班，還提拔她擔任專員助理祕書。蔣經國每週一次聽取民怨、接見民眾的細節安排，就是由章亞若負責，並在一旁記錄整理，成了蔣工作上的得力助手。除了伴隨專員打理大小瑣事，章亞若隨蔣經國下鄉時還兼做「記者」工作。她發揮敏銳、細微的觀察力，將專員關切民瘼、地方建設的言行詳細地記載，返回贛州後撰成稿件，交給《正氣日報》發表。有人推測，兩人的感情就是從那時開始的。

這當中還有個悲傷的插曲。青幹班開訓後不久，蔣經國的母親毛夫人因躲避日機不及而被炸死，蔣經國強忍哀傷返回奉化溪口辦理喪事，在豐鎬房後院立下「以血洗血」的石碑後回到贛州。蔣母毛福梅是蔣經國最大的精神支柱，突然逝世讓他備感失落，心情跌到谷底，此時身邊有章亞若在旁噓寒問暖、體貼照料，適時提供了一股精神支撐的力量，很可能也是兩人感情升溫的原因。蔣又從吳驥那裡了解到章亞若過去婚姻的不幸，和有兩個失去父親的兒子，對她更生愛憐之心。

有一天青幹班星期天休假，教職員工和學員都進贛州城玩耍、會親友去了，蔣經國留下來為下星期備課。到中午他正一邊嚼餅乾、一邊寫教案的時候，卻意外地看到章亞若端著酒菜進來。深秋的天氣有些冷了，他心頭一熱頓覺書房暖融融的。章亞若揭開兩碗保溫的蓋碗，一陣濃香撲鼻而來，有紅燒狗肉和蔥花炒雞蛋，都是他最喜歡吃的。章要他趁熱快吃，又為他開瓶倒酒，他也就不客氣地吃喝起來，邊吃邊和章亞若說了一些「閒話」，便情真意切、開門見山地向她表露了心跡。蔣原以為章亞若會接受，沒想到卻遭章婉拒。

章亞若此刻之所以未接受蔣的示愛，是因她要把和前夫生的兩個兒子撫養成人，不能讓他們受委屈，且她如要嫁人，就要嫁個無妻子無兒女的男人。再者，她知道有不少年輕女大學生在追求蔣，她不願捲入其中。加上她怕官場大員對愛情不忠，她也自知蔣經國這類人不屬於自己，他父親這一關也不是自己可跨過的，她自己母親也不會同意她和蔣戀愛的。

章亞若的母親周錦華，是跟隨丈夫接觸官場多年的過來人，知道不少有妻室兒女的大人物的許多風流緋聞，深知凡是被這類官場大人物惹上的年輕女子，十有八九都沒有好下場。因此，她反對女兒與專員過多接近，便提醒亞若不要被惹上。後來見專員還是與亞若頻繁接近，並多次來家裡，自己勸阻無效，她便請大兒媳的哥哥、蔣經國身邊紅人贛州保安副司令吳驥去勸阻。

吳驥對蔣經國追求章亞若也持反對態度。適逢章浩若從河南抗日前線回贛州探望母親和妻兒，吳驥便設家宴招待妹夫浩若，順便把專員也請來，欲勸阻此事。為方便溝通，吳驥請母親和妻小先吃了飯去看電影，由他、浩若和專員談話。酒過三杯，吳驥便切入正題，開始勸阻蔣經國。不料蔣經國苦訴衷腸，拋出一片真愛章亞若的誠心，強調他並非亂來。章浩若也從中插話，認為應尊重三姊亞若的意見，由她自己拿主意。

吳驥這才無奈同意，但還是摔碎酒杯警告專員：「如果你欺負了她，我就要你像這個杯子一樣。大不了我去自首！」蔣經國與章亞若之間的暗戀，就是在這以後迅速發展的，兩人並且私下以「慧風」、「慧雲」互稱，以遮人耳目。蔣經國因為擔心和章的事曝光被外界和夫人方良發現，所以就在外面租屋同居。並沿用郭禮伯模式，對外說章是他的祕書。

蔣經國與章亞若的戀情，在《蔣經國評傳》一書中也有極生動的描述。作者漆高儒回憶說，他見證蔣、章的愛情發展是有一次公署下班了，蔣經國要走時，忽然對他說：「漆祕書，我們到章亞若家中去吃晚飯。」兩人經過一條小巷，到了章亞若家中，蔣經國便坐上臥床，斜倚著床頭休息。不久吃飯了，一鍋牛雜，香噴噴的，章亞若知道這是蔣經國最愛的上品，蔣經國連吃了好幾碗。飯後，章亞若還請來了一位巫婆，頭頂竹簍，邀鬼神講話，蔣經國請的是他的母親，是章亞若安排的。巫婆口中念念有詞由章亞若傳述，章亞若並隨著蔣經國的口語，一再跟著叫母親，顯見他們的關係很不尋常，一般的男長官、女部屬是不會這樣的。

另外，曾兩度追隨蔣經國的李以劻將軍，在其一九九五年發表於《傳記文學》的文章則稱，一九四〇年春，他第二次來贛州接兵時，章帶著母親來看他，談經國任行政專員後，整頓地方的概況，說經國為頂天立地之人，教她做招待工作及整理圖書，一時安置不了一個較好的位置、發揮自己才能等。亦云及經國待她不薄，已給兒子進入公費的正氣中學校。一憶過去在郭家的苦難則淒然淚下，一句也未說及與經國私交之事。

但後來他從太太那裡聽到蔣章戀情的片斷。李以劻夫人的胞兄丘文輝在贛州鹽務督運處工作，當時和章亞若、黃家楨成為知交密友，無話不談。「據說亞若和經國聚會時，多在下午五時後，並通知女友不可到她家探她。亞若住在鎮台衙門附近的米汁巷，經國下班回家前或自駕車或徒步來她家。有一次內子隨其姊往訪亞若，時間大約下午四時後，抵她家時，屋內闃然無人，其姊直趨亞若臥室，推門而入，亞若從床上起身，見她身穿緊身胸圍外披一件透明薄紗上衣，很清晰地看到內著淺紅色的胸圍，下穿一條短至膝邊的緊身短褲，有一陣清新的香水香味，亞若笑咪咪地向其姊說：『他就要來了，妳下次再來吧！』兩人相視一笑而別，急奔到大街後，方緩步喘息。」

總之，這一段地下情讓蔣經國愛得刻骨銘心，日記中留下不少記載，筆者翻查到的就有以下：

一九四一年三月十六日：「十時許在王制剛家中同亞若同志作棋戰，亞若同志甚聰明能幹，大有造就之望。」

一九四一年三月三十日：「慧雲弟聰明可愛，想念不已，感情之力量大矣。」（慧雲是當時蔣對章的暱稱，有時又稱慧弟或雲弟）

一九四一年四月六日：「每至休息之日即自覺精神無寄託之處，心甚不定，近來甚念慧弟之身體與生活，對其時時不忘在心，以不能同慧弟見面為痛苦。」

一九四一年六月十三日：「我愛慧弟出於至誠，發於內心，但是因為環境關係，有許多對不住她的地方。我問心有愧，不知其能諒我之苦心乎？」

一九四一年七月六日：「天氣甚熱甚悶，心中亦煩悶非常，在公在私皆有說不盡之苦，如慧弟能常時見面，則定能解悶。我不想名利，只想有自由呼吸、自由做人之可能。」

一九四一年七月十二日：「最近或因工作過多，甚覺疲倦，精神亦覺苦悶，實有非休養不可之感。近來無時不在想念雲弟，天下之事實太不公道，為何不能使我滿足此小要求？雲弟如能同我在一起，則工作效力定可增加數倍。環境既然如此，惟有望雲弟幸福快樂。」

從以上幾段一九四一年三月到七月的日記內容，不難看出蔣經國當時內心的煎熬。

一方面他確實是出於至誠、發自內心地愛著章亞若，時時想念她的「身體與生活」、並「以不能同慧弟見面為痛苦」。但同時他又因為「環境關係」，對章有許多對不住的地方。蔣自認「問心有愧」，卻因不知章能否體諒，而飽受折磨，以至於忍不住在日記中感嘆：「我不想名利，只想有自由呼吸，自由做人之可能」、「天下之事實在太不公道，為何不能使我滿足此小要求？」

而讓蔣此時無比痛苦的另一原因，是他和元配方良的關係陷入低潮，兩人常因細故發生爭吵，日記中亦有若干記載：

一九四一年八月七日：「最近又因心中煩悶不堪，深夜對天長歎。方良對我之冷淡刻薄，無可再忍矣。每天辛苦返家，不但不能得到安慰，而且日日受氣。受人之苦固不可免，而又何必去自尋苦吃耶？再三思之，惟有以命苦二字而自慰之。」

一九四一年八月三十一日：「今日心中非常苦悶，凡來家之客，均未接見。先母之墓舍，家鄉之山水，皆在想念之中，愈想愈悲痛。又因方良之性情強硬，不但不能得到家庭之安慰，並且時常受氣，自己亦不知為何無故受氣。我亦想同樣的強硬起來，可是為顧到家庭之『幸福』，又不得不忍受一切，但是總非根本辦法，前途如何，自己亦難料。」

一九四一年十月十二日：「近來數夜每從夢中驚醒，未能安睡，所以精神不振。同方良共同生活已六年有餘，但對其性情始終未能瞭解，且其對我亦不肯諒解，每念及此，心內無任難過。前途如何結局，實難設想。對此終身大事，遲早總應得一合理之解決，否則面笑而心不笑，非長計也。」

從日記內容來看，這段時間蔣經國似乎也和許多已婚男人一樣犯了「七年之癢」，他和方良結婚六年多，竟然說「對其性情始終未能了解」，並因此而「心內無任難過」。這是典型的「婚外情症候群」，因為外頭有了熱戀對象，而且到了「無時不在想念」地步，回過頭看糟糠之妻當然就什麼都不順眼。

他也認為「對此終身大事，遲早總應得一合理之解決，否則面笑而心不笑，非長計也。」一九四二年初，就在章亞若到桂林待產期間，蔣經國一度準備向方良全盤吐實，一月十三日自記：「本想將一年來想講而未講之話告訴方良，但一開口即引起其怒氣，究竟不知誰是誰非，見之心痛。我為家庭之幸福，始終讓步，但不知要忍至何時。」

二月二十四日又寫道：「我與方良今後表面上或可和好，但心中必將不樂。家中之事，亦只有我一人知之，兩人關係，總有一日將發生破裂，所憂者乃文、章兒女之前途幸福。」

如果光看這段期間蔣經國日記的記載，可能會懷疑：那蔣經國和方良後來幾十年的婚姻生活要怎麼過下去？但其實夫妻生活一輩子，高低起伏、磕磕碰碰在所難免。方良是蔣經國滯俄期間結識的異國婚姻，關於這段異國戀情，蔣經國在《我在蘇聯的日子》一書裡，曾這樣描述：「我在烏拉重型機械廠那幾年，芬娜是我唯一的朋友，也是我的部屬，她最了解我的處境，每逢我遇到困難，她總會表示同情並加以援手，一九三五年三月，我們終於結婚。」

當時的蔣經國被史達林迫害，曾有一段時間沒有工作、沒有收入，是靠方良做女工的收入支撐三口之家，才能熬過難關。蔣經國對此十分感念，曾在一九七九年三月十五日的日記寫道：「今天是結婚四十四週年紀念日，想起往事感慨太多了，多少大變化又是多少大痛苦，含恥忍辱，只有自己知，亦絕非筆墨所能寫出。自結婚以來，還是在開始一、二年自食其力，帶隔日之糧，有時靠借貸為生的苦日子，是我夫妻最愉快的時候。」

寫日記時的蔣經國已經是中華民國總統，無論權力或榮耀都堪稱達到人生的巔峰，但他最懷念的卻是剛結婚頭一兩年時，夫妻兩「自食其力、辛苦過日」的歲月，還說那是一段最愉快的時光。說明他對方良的感情是真摯的，越陳越香，也應了「少年夫妻老來伴」。當然，這是後話了。

第六章

章亞若懷孕產子，雙胞胎生父成謎

●

一九四一年五月郭禮伯趁任務空檔自重慶回到贛州，七月間章亞若告訴郭她懷孕了，並說懷的是郭的孩子。郭不敢確定章懷的是誰的孩子，但認為孩子姓蔣比姓郭好，於是要章等一兩個月後再告訴蔣，這樣等隔年三月懷孕足胎生產時，就可以說孩子是七個月早產，不會被懷疑。一九四二年三月一日章亞若在桂林生下雙胞胎，蔣經國得到消息高興萬分，並將此喜訊告訴了郭。

一九三九年秋郭禮伯去了重慶之後，和章亞若見面時間當然就少了。但他答應章有空一定會回贛州來看她。據「郭書」，一九四一年四月底、五月初，郭禮伯結束重慶「中央訓練團」訓練任務，蔣介石要他去接任「政治大學」軍訓總教官。因政大正值暑假期間，距離開學還有三個月，郭禮伯決定返回南康老家一趟，順便可以和一年多沒見面的章亞若聚一聚。

回到贛南後不久，郭又接到蔣介石命他接任第九戰區一九四師師長。郭接任師長一職後，在贛州與章的一次告別會面中，章向他透露了懷孕的消息。郭問她是誰的孩子？章說：「還有誰的？當然是你的！」郭又問：「懷了多久了？」她說：「不確定，可能一兩個月了。」郭算算日子，應該是五月初剛從重慶回來的日子懷上的。兩人談話當時是七月，不就是一兩個月了嗎？郭又問章：「你還告訴了誰？」她說：「誰都沒講，只有你知道。」

郭在重慶時已經聽蔣經國說起他對章動了真情，但也不敢確定章懷的究竟是誰的孩子。經過一番考慮之後，郭就建議章，等一兩個月再告訴蔣，到時候就說已經懷孕一兩個月了。到明年三月懷胎足月生產時，就說孩子是七個月早產，這樣一來，萬一是郭家的，就讓蔣認定是他的孩子。因為孩子姓蔣會比姓郭好，對章將來的幸福和身分也比較有保障。

章亞若果然在郭離開贛州前往浙江金華就職後，於八、九月間將懷孕的消息，首先告訴了她結拜姊妹兼密友桂昌德，並得到了她的允諾，願意陪章度過待產期，直到把孩子生下來。之後，章再將自己懷孕的消息告訴了蔣經國。蔣得知章懷孕後，高興萬分，並將此消息告訴了郭。但蔣並不知道章和郭私下仍有往來，以及郭要章延後一兩個月，再告訴蔣她已經懷孕的事。

之後蔣經國突然開始擔心，此時章的懷孕會給他的家庭和事業帶來極大的麻煩，必須設法解決這個棘手的問題。另一方面，蔣也需要時間去重慶親自向他的父親報告解釋這一切，獲得他父親的諒解和支持。更重要的是，此事一定要絕對保密，千萬不能讓夫人方良和外界知道，否則就會鬧出天大的事情來。蔣經國告訴郭他決定將章送到廣西桂林去待產，除了想請桂昌德一同去桂林陪同照顧章外，並請好友廣西省政府民政廳長邱昌渭夫婦就近照料章。

章亞若於是遠赴桂林待產，蔣經國人還在贛南，兩人只能透過書信互訴思念之情。

蔣在一九四一年十一月十六日日記記載：「昨日接慧來信，知其身體尚好，心稍安。但是，無論如何總是不放心。今日忽接慧來信，說我為何不寫信給她？是怨（冤）枉我，前後已去三信，不知為何沒收到。我怪她沒寫信給我，她怪我不寫信給她，都是愛情太切、思念過深之故。相信現在慧已經安慰『無時不念』之意……，希望我慧永遠健康。」

而在徐浩然《蔣經國章亞若在贛南的日子》書中，對章亞若懷孕一事，並沒有關於郭禮伯這一角色的記載。這也不難理解。徐浩然雖然是章亞若的同鄉、同事，也都曾在蔣經國手下做事，但男女感情屬於私密之事，許多情況「不足為外人道」。不過在他書中對蔣得知章懷孕後的反應與處理，則有更詳盡的描述。

據「徐書」，蔣經國是在一九四一年夏天游泳時，發現章亞若懷孕在身，他欣喜萬分，章要他去重慶，向老先生報喜，並懇請同意完婚，正式結為夫妻。蔣經國點頭，打包票一定能辦成。誰知蔣由父親身邊回來，卻告訴她其父之意暫不宜辦婚事，怕攻擊他的人借此大做文章，不利前程發展；要章去一個僻靜地方待產，先把孩子生下來看情形再定。

蔣還說地方已找好了，桂林那裡的省立醫院婦產科，有位外國留學回來的主任醫師李大夫，醫術醫德均超群，醫療設備也為周邊數省之冠；躲日機空襲也方便，離贛州又遠，無人認識她，易守祕密。尤其好的是有位好友邱昌渭在省民政廳當廳長，有權力好好照料她。他都聯繫好了，只等章亞若去。章亞若只得同意，僅提出要在臨川工作的桂昌德陪她一同去桂林待產，有桂昌德相伴她才能安心。蔣答應了她的要求。

章亞若到桂林後，邱昌渭幫她在麗獅路租到一個獨門獨院的住所。過了一兩天，章亞若去醫院做孕期檢查，李大夫說是雙胞男胎，胎位正常，章亞若又是高興又是擔心，她擔心不好生不好帶養。女友們為了開導她放下心來，以免影響胎兒生長，遂約她打起了麻將牌。其中有位牌友是桂林中學女教師劉雯卿。

這期間蔣經國曾祕密前往桂林，帶著孕婦所需的營養補品來看望章亞若。他都是化了裝坐他的專用「皮而克」小臥車來的。車還未到麗獅路他就叫停住，交待毛甯邵司機和衛士去住旅館，自己步行數百米去會章亞若。一九四一年農曆新年前那次到桂林，蔣還在那裡待到過完新年才離開。這次的相會，像正式夫妻一般，令章亞若好欣慰。蔣經國按浙江老家風俗，給章亞若帶來了孕婦必吃的人蔘、桂圓，說孕婦吃了身體好，胎兒生下會很聰明，將來有大出息，章亞若聽了，更高興。

元旦過後，蔣經國回到了贛州，無意中發現有人在傳說章亞若住桂林待產的話。他便拿出一張章亞若與女扮男裝的劉雯卿合影照片給個別親信看，說章已和此人結婚，目的是想通過親信的口傳出此事，以闢外面的「謠傳」。蔣開始隱瞞與章的關係，在漆高儒《蔣經國評傳》一書中也有記載。據「漆書」，一九四一年底，在章亞若到桂林之後，蔣經國有一次和他聊天，問他是否知道章亞若到桂林何事，漆說：「不知道。」蔣說：「我很清楚，她到桂林結婚。」同時，拿出一張照片為證。他說：「這張雙雙儷影的照片，男的是廣西大學的學生。」漆定睛凝神一看，原來所謂的男生，是女扮男裝，戴了一頂男人鴨舌便帽，可是後面卻露出了女人的披肩長髮。蔣經國又補充一句：「我相信很快就要結婚，這是訂婚照。」

漆高儒認為，蔣經國之所以要編造故事，是因為蔣委員長當時對他的期望甚高，而他也真的在建設新贛南，「蔣青天」之名幾已舉國皆知，在這種情況下，怎能容許一段情來影響其政治前途呢。所以他要把章亞若的事，隱蔽得天衣無縫，這才把章亞若祕密的送到遠遠的桂林。

一九四二年三月一日章亞若在桂林產下兩個「不足月」的雙胞胎兒子，一切似乎都和郭禮伯當初和章亞若商定的時程若合符節。章其實在前一年的五月就懷孕了，當時郭剛好從重慶回到贛州，因此郭要章等到八、九月暑假的時候，再告訴蔣懷孕的事，免得時間對不上。所以所謂「早產」未必是真的。不過雙胞胎出生時本來就個子較小，說成是早產外界也不會懷疑。

章亞若立刻將生下雙胞胎的喜訊，告訴母親及蔣經國。周錦華接章亞若來電後，趕緊要四女兒亞梅終止學業，急赴桂林幫助照料亞若和兩個小寶寶。蔣經國聞訊更是大喜，一九四二年三月六日日記記載：「接電報知亞若生二男，心中喜極。」他很快找了個機會，三月二十三日就趕往桂林探望。

據「徐書」，蔣到桂林這天，正值章亞若母子三人由桂昌德、章亞梅陪同出院。化了裝的他就在麗獅路門口迎接，亞若還出主意，教亞梅同要阿哥（蔣經國）來認誰是老大、老二，蔣經國看了各人的眼色，便準確地認了出來，逗得亞若、桂昌德大笑。此後，蔣經國又想辦法找藉口來了幾次桂林看望章亞若和雙胞胎兒子，還常帶著由重慶買來的美國產克寧奶粉，給亞若母子吃，逗兒子玩。

有了孿生子，蔣經國很高興，在兩個寶寶滿月和拜認乾娘時，舉辦了家宴，把桂林上層少數好友請來慶賀了一番。此外，還帶章亞若出外參加了某些活動。這無疑又是一次小範圍內給章亞若定位的表示。因此章亞若在蔣經國走後，亦有某些外出應酬活動。

眼見孩子日漸長大，章亞若對於名分的問題日益焦急。據漆高儒《蔣經國評傳》記載：當我們參觀團到達桂林後，章亞若來旅館與我們相見，她偷偷的告訴徐季元祕書和我，她已經生下專員的孩子，不但一舉得男，而且雙雄並秀，很歡喜、很高興，溢於眉宇之間；不過也有一句感嘆的話，說她是一個「黑市夫人」。

五月間章亞若寫信給在桂林協助照顧母子三人起居的小蔣舊部桂昌宗，表示內心的痛苦已到了極點，桂昌宗將這封信轉給蔣經國。在贛南的小蔣讀到此信後，曾於六月四日日記記下：「近來深感人間痛苦者多矣。讀亞若致昌宗信，知其內心之痛苦已至極點，心中有不安之深感。數日來自晨至夜晚，無暇休息，只有與文、章兒女遊戲以解悶。」

據「徐書」，孿生子快半歲時，章亞若催蔣經國為這兩個寶寶取學名，並重提正名分的事。蔣說，按風俗得請他父親取名；進蔣家門譜是天經地義的事；遵族譜小寶寶屬孝字輩。蔣經國這些話，讓章亞若激動了好些天，覺得眼前一片光明，暗戀已成過去。

哪知道蔣經國從父親那裡帶來的，僅有孝字輩的名，取名孝嚴、孝慈，卻無蔣門的姓，蔣父定下的是從母姓章。這使她十分難過，萬分委屈，為自己、更為兩個孿生子。蔣經國亦極內疚。他覺得讓章亞若和孝嚴、孝慈受此委屈，太對不起他們了。他恨自己太軟弱，痛苦得哭了起來。章亞若急得眼淚外湧，和他抱在一起痛哭。

另一邊廂，遠赴戰場的郭禮伯，率領一九四師在前線南征北討，先後參加了第二、三次長沙會戰、浙贛會戰、贛東南城、宜黃等戰役，前後經過了一年多的浴血奮戰。據「郭書」，這段期間郭和章幾乎完全失去了聯絡，只偶爾接到蔣經國的訊息，知道章於一九四二年三月在桂林順利產下一對雙胞胎。也知道蔣經常順道去桂林看望章，一切都進行得隱密而順利，甚至聽說連蔣介石都已經認可並接受了章及孩子。

但是，突然在一九四二年夏的某一天，郭接到蔣經國從贛州來的電話說，好像方良已經發現了蔣和章的戀情，而且還知道章替蔣生下了一對雙胞胎，並在桂林招搖得意，到處以蔣夫人自居，讓方良顏面掃地，忍無可忍。方良並嚴重警告蔣，一定要立刻解決問題，否則要他為一切後果負責。蔣還提到了章要求在名分上要給她一個交代，蔣對此憂慮萬分，不知如何應付。郭聽出蔣的口氣極為沮喪、彷徨、自責，並且非常憂慮章及一對嬰兒在桂林的安危。他問郭：「該怎麼辦？」郭也極為關切地回答：「這事鬧大了不好，務必要亞若低調行事，在安全上，一定要加強防範，避免讓人傷害了亞若和孩子。必要時，不妨將亞若及孩子再遷移他處，以策安全。」蔣好像知道將有事要發生，但又無法阻止。畢竟章和孩子都是他的至愛，不希望任何一方受到傷害。郭遠在前方戰場上，也無能為力，只有默默地為章和孩子們祈求平安。

第七章

章亞若死因不明，蔣經國關鍵日記撕毀

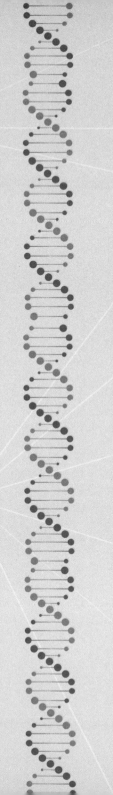

章亞若不幸於一九四二年八月十五日突然亡故，其死因無確切的答案，成了一樁懸案，至今真相依然無解。不過檢視蔣經國一九四二年日記發現，雙胞胎出生後不久的三月和章亞若死亡前後的八月，所有相關的日記都被撕掉了。蔣曾在一九五四年十月的日記，補記一九四二年日記被偷（撕）之事，又在同年十月三十日編造說雙胞胎的生父是王繼春，種種故布疑陣的做法令人費解，但也留下解開真相的蛛絲馬跡。

●

關於章亞若從病發到猝死的過程，曾與她共事且同為南昌同鄉的徐浩然，在他出版的《蔣經國章亞若在贛南的日子》書中，有十分詳盡的敘述。據「徐書」，八月十四日下午，章亞若如期應友人之邀，外出赴宴。這友人據妹妹章亞梅和好友桂昌德後來說，就是邱昌渭廳長。那天章亞若到很晚才回家。亞梅聞聲，從房裡出來，一見三姊那副痛苦的樣子，大吃一驚，趕忙去攙扶。章亞若滿臉蒼白，東搖西晃，像個喝酒不上臉的醉者，嘴邊還留有殘餘飯菜，混合著胃液流出，看來才剛嘔吐過。亞若指著要上廁所，亞梅趕緊扶她去上。從貴州來這裡養病的大姊懋蘭，也從房裡出來，幫著亞梅扶亞若進房。她問亞若喝了多少酒，亞若搖頭。亞梅在三姊嘴邊嗅嗅，沒很大的酒味，兩人便以為是腸胃炎之類病，找出一些家常備用藥給亞若服了。這一夜，章亞若在痛苦中度過。到第二天清早，章亞若又上吐下瀉，而後並雙手抽筋，痛苦的緊抓住床單。不久，桂昌德來了，在房東陳太太的幫助下，把亞若送進了省立桂林醫院。進醫院那天，是八月十五日，星期六。

桂昌德的胞兄桂昌宗，十五日上午一接到妹妹電話，通知他章亞若有病住進了省立醫院急診室，便趕來探望。章亞若見他來很開心，請他坐，說了很多心裡話，最多的還是雙胞胎兒子的名分問題，說得聲音哽咽，淚水盈盈。他很感動，也為她母子抱屈。正當他和章亞若交談之際，進來一位他見過面的王醫生和推藥車的女護士。王醫生拿著裝好針劑的注射器，要給章亞若打針。先打章亞若右臂靜脈血管，扎了幾次都未扎進，又繞過床轉到左邊，扎章亞若另一隻手臂，這回扎成了。但沒過幾分鐘，醫生、護士走後，章亞若便驚恐地尖聲大喊；「哎呀！不好了！」轉而對桂昌宗說：「我眼前一片漆黑，什麼也看不見！」不久就昏迷過去了。

桂昌宗嚇得全身顫抖，急忙跑去叫醫生。醫護人員聞聲趕來，為章亞若檢查心電圖、輸氧、試體溫、進行急救。桂昌宗呆立一旁，又氣又怕又沉痛，禁不住哭了。桂昌德也在一旁痛哭。王醫生要桂昌宗上街買冰塊，來給亞若降溫。他飛快地去了，又飛快地回來，時間約二十幾分鐘。當他提著冰塊回來時，病房擠滿了人，他很難擠進去，便喊：「冰塊買來了！」但此刻房內氣氛不對，相當緊張、沉悶，正惶然間，醫院楊濟時院長來了，給他一張紙條。他一看是病危通知單，上面寫「血中毒」。他問：「什麼是血中毒？」院長說不知道，還沒化驗，就走了。過沒多久，醫生宣佈急救無效，眾醫護人員各拿器具走了。會診和圍觀者也相繼散去，病床上只剩下亞若軀殼，桂氏兄妹怔在一旁，撫屍大哭。

廣西民政廳長邱昌渭即刻致電給蔣經國：「雲英昨突然去世，善後事弟當妥為處理，希兄節哀。」蔣經國接到後，悲痛之情難以言表，回電：「雲英遽爾逝世，弟悲痛不已，奈公忙難離職，請代為安葬。二幼子仍應全力照料，弟來桂林時，當面謝也。」交機要徐秉南發給邱廳長。之後，他背上獵槍，騎著摩托車，馳往城外的五里亭，那是他送章亞若去桂林、也是章亞若曾翹首盼他從重慶回來的地點。然後丟下摩托車，登上一處高坡，取下獵槍，裝上子彈，接連朝西對空放了三槍，宣洩內心痛苦，並表示對愛侶的祭悼。接著，他棄槍跪地，嚎啕不已。良久，才戴上墨鏡，拉起獵槍，騎上摩托車，回到專署辦公室，寫成了一封飽蘸血淚的書信，第二天要王制剛組長帶著他的親筆信趕赴桂林，代他去協助邱廳長料理亞若後事。以後幾天，蔣經國一直戴著墨鏡，以掩蓋眼眶中的淚水。

但蔣竟未親自去桂林見章最後一面，令人深為不解。關於這點，「徐書」指即使章亞若真是「暴病身亡」，蔣經國未去送葬，肯定也和老先生訓斥過有關。否則，任何人都是攔不住他的。徐浩然甚至大膽推斷，殺死章亞若的人就是蔣介石，當然老蔣先生不必親自下手，只要稍作示意，戴笠就會派人行事。書中還提到，他曾聽一位章亞若的親戚前輩，敘述在章亡故前，蔣經國去重慶遭到其父的嚴厲斥責。蔣介石摔下一本有關章亞若的情報給兒子看，要兒子趕快斬斷離開她，以此證明他所謂殺章「黑手」就是蔣介石。但這當然只是徐浩然個人的推測。

關於章亞若猝逝過程與真正的死因，身為人子的蔣孝嚴自然比任何人都想知道真相，他在《蔣家門外的孩子》書中有大篇幅談及此事，其中有些和徐浩然書中的內容類似，但也有些新的說法。例如他提到四姨亞梅曾向外婆周錦華說，桂氏兄妹和他母親的死亡有關。因為母親最後一晚是由桂昌德陪同出去吃晚飯，飯後即感不適，也是由桂昌德送回家。母親撐到第二天清晨，仍然是由她陪伴就醫，隨後其兄桂昌宗趕到醫院陪伴，未幾，即告出事。這四五個鐘頭裡，只有桂氏兄妹全程參與，後來所謂一位王姓醫生如何為母親打針的過程，也都是桂氏兄妹的片面描述。

據《新新聞》一九八八年二月的報導，章亞若在彌留之際，曾叫陪她到醫院的好友桂昌德，趕快拿筆記下遺囑，她自料遭人下毒手，因此要桂昌德把遺囑和遺物親自交給蔣經國，並託付桂昌德等麗獅兩兒成長後，一定要把她死前情況轉告他們。住在上海的桂昌德，四十年後回憶這段往事時，指繪歷歷，她又說：「亞若對孝嚴、孝慈兄弟尚有遠託，因某種原因，迄今尚未辦到，那是客觀上的特殊因素，倘有緣會，我能見到他們兄弟，自當面告，這也是我衷心的夙願。」

一九九三年章孝慈訪問大陸，當時桂昌德已過世，章孝慈見到了她的丈夫吳鵬。吳鵬說，她太太生前念茲在茲的，就是想要告訴他們，章亞若在桂林撫養他們半年多的日子裡，每天掛在心上和掛在嘴裡的，就是怎樣讓兩個孩子回蔣家，交由父親經國先生親自教養。他母親還說，經國先生非常孝順毛太夫人，一九三九年十二月獲悉毛太夫人不幸被日機炸死，悲痛逾恆，連夜趕往溪口料理後事，還手書「以血洗血」四個大字，並刻石立碑以明志。事後，他返回桂林告訴章亞若，原本一直計畫要帶她去溪口拜見毛太夫人，卻遇此變故，天人永隔已無法如願，內心很歉疚，所以特地從溪口帶來一床毛太夫人生前親手縫製並繡有鴛鴦被面的絲棉被，交給她作為紀念，以彌補心中的愧憾。但吳鵬隻字未提章亞若過世的原因。

對於醫院方面說章亞若是因「血中毒」而亡故，蔣孝嚴在書中強烈質疑：到底什麼是「血中毒」？又為什麼好端端地會「血中毒」？毒從哪裡來？是他母親患的急病所引起的併發症？還是由那位自稱姓王的醫生打了「要命的一針」造成的？醫院都沒有人作進一步解釋。他記得小時候，外婆和二舅都曾很認真地叮囑他們，不要在外面隨便打血管針，二舅還說，如果把空氣注入血管就會要命的。他懷疑：是不是他們探聽到母親就是被自稱王姓醫生的人注入藥劑或大量空氣而死亡？

四十年後，當時在桂林任職廣西省衛生處處長的翁文淵，被問到章亞若可能的死因時，就質疑說，當時桂林醫院的設備和楊濟時院長等醫生，依大後方的水準都算是一流的，怎麼會無法救治看似罹患急性腸胃炎的人？又怎麼會送到醫院不到半天，就猝然而逝？他說，當然有問題！

後來當外界臆測蔣介石可能顧慮到兒子的政治前途，而下令派人向章亞若下毒手；還有人指稱蔣經國為了保護自己，而遣人加害章亞若，蔣孝嚴說這些都是一種想當然爾、毫無根據的推論，更昧於經國先生對他母親用情之深的事實，何況她還是他唯一流著純中國人血液的兩個孩子的母親。

書中也提到，王昇曾多次刻意向他和孝慈強調，其母親是在酷暑感染急性痢疾，搶救不及而終，但他和孝慈從未採信。後來王昇還找了一位自稱當年在桂林醫院任職的醫生，並要這位醫生寫了一份治療母親經過的報告，再轉交給他及孝慈。蔣孝嚴說，他們對這份報告的內容沒有興趣，因為這位醫生拿不出任何文件，證明他確於一九四二年在省立桂林醫院服務過。他說可以體會也感謝王昇在這個問題上，為了要他和孝慈寬心所作的種種，但他們心中的疑雲不僅未消，反而為之加重日深。

關於章亞若是病故還是被毒死，李以劻將軍在專文中曾舉一例，佐證章亞若是被毒死無疑。一九四二年秋，他自重慶陸軍大學特五期畢業，回湖南長沙九戰區任高級參謀，途經桂林時曾拜訪住在桂花街三十號的蔡廷鍇將軍。蔡原係十九路軍軍長，此時任二十六集團軍總司令，是他的老上司。蔡告訴李說：「你不是跟隨過蔣經國麼？上月我聽廣西省立醫院陳院長相告一條新聞，蔣經國的情婦被人毒害了，當此婦送到醫院驗血時，血已顯黑色，無可藥救了，但不知何人下此毒手呢？應當追究呀！」

但王昇卻一口咬定章亞若是染痢疾死亡，不是被暗殺，而且不但對兩兄弟這麼說，還公開對著媒體這麼說，讓徐浩然深不以為，在書中指摘王昇「欲蓋彌彰」，這麼高的身分，卻依然在玩騙小孩子的遊戲。那麼王昇想要掩蓋什麼呢？是為了掩護老蔣還是小蔣，或是他們身邊的人犯下的錯誤嗎？

經過多方探詢並綜合研判後，蔣孝嚴認定他母親是被謀害的，主謀就在贛州專員公署，經國先生身邊的人，且深受經國先生器重和絕對的信任，出於對經國先生極端的忠誠和崇拜，自認站在國家利益和民族大義上，必須趁早去除經國先生政治發展的隱患——他的母親章亞若。他說，專員公署派有專人從贛州前往桂林，以照料之名，同時可以監控，對章亞若在桂林的生活情況瞭若指掌。雙胞胎在桂林出生後，平日三人凡遇病痛，均係前往該院看診，所以認定醫院是理想下手之地。

蔣孝嚴進而推測，一九四二年八月十四日晚，由其主事者指派在桂林的人員，邀約章亞若外出用餐，席間，趁其不備，於菜中下藥，使其嘔吐、腹瀉必須送醫。翌日見其前往桂林醫院就診，初步診治雖無大礙，但強迫其住院治療，於是當機立斷，趁無任何親人在旁，旋由同夥的醫師，以注射特效藥為由，用針筒對準血管注入致命藥物，在幾無掙扎下即告不治。後來進行的搶救，只是做給醫院內不知情醫生看的幌子，一項奪命任務於焉完成。

他說，他母親之死並非一人所為，係一位極端聰明的人出於護主動機，另找了三、四位同夥來進行。主謀者指其母在桂林產子之後，即以蔣夫人自居，且經國先生又多次前往探視，在當地政治圈已引起談論，並傳到贛州，所以在「事態」擴大前，必須予以「剷除」。這一番話，立即得到死忠者的附和與配合。幾經密商，最不露痕跡的做法，就是在醫院動手；而讓被害人受痛苦最短的方式，便是在血管注射毒液。主謀認定，只要家屬不敢提出解剖驗屍的要求，即能立即下葬，全案就此完美無缺地永遠埋在一抔黃土之下。

他推測主事者想必認定，只要手段乾淨俐落，並且下令醫院封口，不引起懷疑，不留下痕跡，事後經國先生絕不致責備，亦不敢追查，反可就此立功。原本考慮兩個娃兒也不放過，但唯恐引起經國先生震怒而縮手。邱昌渭廳長事後說，蔣經國對章亞若猝逝一事的對外態度，是一種壓抑性的「不再過問、也不追究」。但是他在贛州身邊的幾位貼身機要和親信，在章亞若過世後，不久均被一一調離贛州，擔任閒職，不受重用，且未再與他們見面，只有少數的例外。蔣孝嚴似在隱喻經國先生應知悉誰是兇手，對照「郭書」中，蔣經國曾對郭禮伯說：「他們太狠了！我對不起亞若！」這個「他們」是誰？答案已經呼之欲出。

關於誰是殺害章亞若的兇手，漆高儒最早在《蔣經國評傳》書中指，有一天贛南公署特務處主任祕書黃中美與徐季元祕書到他辦公室，黃憤怒地說：「章亞若在桂林太招搖了，本來該在桂林隱藏的，不可對外，如今卻參加很多社交應酬，完全以專員夫人自居。這樣，將妨礙專員的前途，委員長知道了，也是不得了的事，我為專員的政治前途著想，只有把她幹掉。」徐祕書勸他不要，說這樣專員會很傷心難過，但黃說：「專員的政治前途，重於一條女人的命。」徐又鄭重地說：「你要三思而行。」黃則以斬釘截鐵的口吻說：「我會負責。」漆高儒認為黃中美極可能是用「先斬後奏」的方式，處理掉章亞若之後，再向蔣經國報告。但他的說法並無確切證據。

不過從蔣經國一九四二年八月三十一日日記的一段評論，可看出蔣對黃的不滿：「黃中美來贛之後，不但對於工作無幫助，反而引起許多糾紛，心中非常痛恨。此人雖忠，但毫無用處，可憐。此種人不但無能力，且野心甚大。今日正（真）能忠心做事者，寥寥無幾。管閒事、講閒話，害人害事，此種人實應除之。」蔣經國寫這段日記時，章亞若剛剛猝死不久，他對黃中美的批評，是否可以佐證他心中認定黃就是殺章的兇手，就留給讀者評斷。

至於黃中美的下落，有傳說他被曾任陳誠參謀的張振國，以殺章兇手的理由槍決了。不過李以劻認為這種說法於情理不合，因江西屬第九戰區管轄，陳誠的六戰區轄地是湘鄂西，不太可能會越區執行。根據百度百科資料，黃中美並沒有被殺掉，四九年後他在上海被專政改造多年，一九五六年考入上海市教育局舉辦的師資訓練班，期滿分配到上海市楊思中學教歷史、俄語課程，直至退休。一九八〇年在上海病故。

蔣孝嚴在書中說，好多年前，當他和孝慈談到這件事情時，就感覺到這會是一樁無頭公案，千年難解，因為牽涉到了政治，經過對日抗戰的大遷徙、國共內戰的大變局，加上「文化大革命」，二〇〇〇年後他多次到桂林、南昌等地，試圖尋找直接證物，均無所獲。當年在贛州若是有人蓄意抓住機會，有計畫地前往桂林進行謀害，當然不會允許留下任何啟人疑竇的病例或資料了。

章亞若意外猝逝，這是蔣經國和郭禮伯最不願意看到的事情，沒想到居然發生了。據「郭書」，其實根據蔣和郭禮伯的談話，他似乎知道這樣的事遲早要發生，只是不知道來得這麼快，這麼突然。從此以後，蔣經國就沒再提過隻字片語關於章在桂林去世的事，把一切都埋藏在心底，好像根本沒發生過一樣。曾任專員公署主任祕書的徐君虎，後來接受《蔣經國與章亞若》作者周玉蔻訪問時也說，章亞若病逝桂林年餘後，蔣經國有一次前來桂林洽公。他陪同四處走動，抵達灕江一帶時，曾提醒蔣經國說亞若墓地就在附近，問蔣是否有意前去祭拜。蔣略帶慨嘆地說「莫要再提此事了！」後即不再言語。章亞若去世之後，蔣經國似乎就立定決心將這段舊情埋藏在心坎深處。

不過檢視蔣經國一九四二年日記，原本極可能記載他三月得悉雙胞胎出生，以及八月接到章亞若去世後的心情記載，但筆者在閱讀日記時發現，不但一九四二年三月二十四、二十五日的日記都被撕毀，一九四二年八月的日記從八月九日到二十日，這兩星期的日記也不見了（Pages Missing）。胡佛檔案館館方人員說日記送來時就已如此。可能是蔣經國本人撕掉的嗎？還是他過世後，被看過日記的人撕掉的？

巧合的是，一九五四年十月間，蔣經國曾在該年（一九四二）日記本封面內摺頁補記下面一段話：「翻閱舊日記，發現三十與三十一年之日記中，被人偷撕甚多，實為奇事，可能於三十八年侍父至馬公時被偷。因抗戰期間之日記六本，當時曾帶在身邊，置於一箱中，並未加鎖，而且曾有一次奉命赴廈門公差，離馬公寓所有二天之久，想必於此時被偷。雖已不記得其中所記為何事，但決無愧心事，故於心亦甚安也。」

從不能給章亞若名分的「問心有愧」（一九四一年六月日記），到十餘年後的「問心無愧」（一九五四年十月），這當中的轉變到底如何？蔣經國當時面對章亞若的驟逝，心情又是如何呢？他接受章亞若病逝醫院的種種說詞嗎？這些疑團，都因這幾天的日記被撕，而暫時無法求得解答了。

令人不解的是，誰敢偷撕蔣經國的私密日記？還特別挑出跟章亞若生子與猝逝有關的關鍵頁面來撕？而蔣居然也不想追究！是否可能根本就是蔣經國自己撕的，卻故意寫說他日記是被偷被撕的？加上在同一時間的一九五四年十月三十日，他又在日記裡進一步「編」出王繼春是雙胞胎的生父來，種種故布疑陣的做法令人費解，但也留下解開真相的蛛絲馬跡。

據此，筆者大膽研判，蔣經國應當是在一九五四年十月那段時間，由於某種特殊的原因，決定把關於章亞若的一切，包括她生下雙胞胎以及不久後猝逝的死因，通通從他的生命記憶中移除，因此才會自撕日記，又編造王繼春是雙胞胎生父。至於是什麼原因，促使他要這麼做，將在下一章說明。

第八章

蔣、章、郭三個家族來台後意外「重逢」

●

一九四二年八月章亞若在桂林突然逝世，兩個剛出生才半年的雙胞胎一夕間成為孤兒。此後，蔣經國、郭禮伯和章家以及兩個小孩，在大時代的浪濤中各自走上蜿蜒的人生道路，奇妙的是一九四九年後，這三個家族竟然又在台灣這塊土地上「重逢」。蔣經國來到台灣之後，從未再見過雙胞胎及他們的外婆，但和郭禮伯仍有往來；郭禮伯還曾在蔣經國的敦促下，不只一次到新竹探望他和蔣經國口中的「岳母」周錦華以及雙胞胎兄弟。

以下是根據蔣孝嚴親撰《蔣家門外的孩子》、郭貽熹著作《我的父親郭禮伯》，以及郭貽熹本人首度打破沉默，於今年七月間接受筆者訪談等幾個方面的訊息來源，整理得出的內容。先從章家兄弟談起。

章家落腳新竹，雙胞胎掩護身分艱苦成長

章亞若亡故後，人在贛州的蔣經國指示由王制剛、章亞梅與桂昌德等從桂林護送雙胞胎到江西萬安縣，同時派人告訴章亞若的母親周錦華，要她盡快從贛州趕到萬安去接應。一九四四年五月，周錦華又帶著雙胞胎，從江西萬安到貴州銅仁縣，去投靠當縣長的兒子章浩若和長媳紀琛，一住就是兩年。抗戰勝利後他們才遷回南昌老家，過了三年太平日子。

蔣孝嚴在書中並提到，二〇〇二年他到美國去看大舅媽紀琛時，從紀琛口中得知一段「南京父子會面之行」。一九四七年春，雙胞胎和外婆住在南昌，經國先生突然差人帶來口信，說很想念大毛、小毛這兩個孩子，想看看最近的模樣。於是周錦華特地要章浩若帶著他們，乘火車專程到南京和蔣經國見面。但當時他們才五歲，究竟和蔣經國在什麼地方見面？見面時如何抱起他們？以及經國先生當年的模樣，他已經完全沒有任何

記憶了。

除了這些片段的美好回憶之外，蔣孝嚴感慨說，自其母親在桂林遇害數十年來，章家大小多數時間過的其實是一種「自我身分放逐」的日子，從來不敢張揚自己的身分。他們住在貴州銅仁期間，外婆周錦華和大舅舅想出掩護身分的一個辦法，就是對外宣稱：這對雙胞胎是剛從外地前來履新的縣長章浩若和夫人紀琛的兩個兒子。來到台灣在新竹報戶口時，父親欄填的便是「章浩若」，母親欄寫的是「紀琛」。另外兩人的年齡刻意相差一歲，孝慈登記一九四二年出生才是正確的，孝嚴則多報了一歲，為一九四一年出生。目的是為了蒙混外界，不要把他們看成是雙胞胎，免得引起聯想與猜測。

一九四九年舉家遷台，最初外婆周錦華態度是有保留的，她不想離開南昌。但蔣經國幾次派王昇勸說後，她拗不過，才勉強同意和家人再次分手。一九四九年七月，王昇弄來兩部汽車，章、王兩家人便在酷暑大熱天，從南昌一路開到廈門。稍歇近月，才擠上軍艦橫渡台灣海峽，在海上過了一整天後抵達基隆。

當時他們搭乘的是忠字號一〇五登陸艦，這艘軍艦因為裝有故宮文物和中央銀行的黃金，有特別的戒備。起錨前，蔣經國還趕到廈門上船，以巡視古物及黃金是否裝載妥當為由，來向周錦華及雙胞胎道別。這也是蔣經國和雙胞胎的最後一次見面。

周錦華一到台灣，便跌進一個全然不同的環境，生活品質與以往相較，有天壤之別。大兒子章浩若原本有意來台，因四九年初前往浮梁縣上任不久，職務不及交卸趕回南昌與家人會合，只好要妻子紀琛帶著長子章修純與女兒洛洛、銅銅，隨母親先行來台。恰巧紀琛的姊姊紀珍與其夫婿黑祥麟，前一年就從南京先到了台灣，黑祥麟在新竹機場空軍第八大隊電台工作，是章家當時在台灣唯一連絡得上的親戚。這是周錦華舉家在基隆上岸後，最後會選擇新竹作為落腳之地的原因。

據蔣孝嚴回憶，小時候在新竹的生活十分艱苦。外婆和他及孝慈，祖孫三人同睡一房，外婆睡單人竹床，孝慈和他則睡雙人竹床。房間不大，除了擺兩張竹床外，只能加上一張四方形的竹桌，上面放著一些雜物，有時供外婆生病時單獨進膳之用。由於空間太小，連擺椅子都不夠，外婆吃東西只能坐在床邊上。從一九四九年他進新竹東門國小念三年級，到一九五九年自新竹中學畢業，十幾年當中，家裡所謂的傢具，就只有這些。至於沙發、電熨斗、收音機、吹風機，當然是奢侈品，不用去想，也不會去買。

新竹章家生活艱困，也與當家的二舅章澣若工作無著，一事無成有關。章澣若曾經開過米店，做輾米廠，後來也做公賣局分銷處，專賣菸酒，但生意都失敗，孩子卻接二連三地生出來。章澣若一共有四子五女九個小孩，在新竹中央路上，全家人數最高峰曾達到大小十三口之多。家裡只有一個自來水龍頭可用，光要解決每天一早洗臉刷牙的問題，就頗費周章。後來只好各自用臉盆、水壺等盛水，用痰盂來接漱口水解決。

另外，整棟兩層樓的房子，只有樓下一間木板釘成的蹲式簡陋茅房，如果不用幾個夜壺，根本沒有辦法解決這樣多人的如廁問題。至於洗澡，他們連一間所謂的浴室都沒有，只能將裝肥皂用的空木箱堆起來，在廚房旁作成簡易的隔間。要沐浴時，就把一個鋁製的澡盆，擺在兩排堆得一個人高的空肥皂箱背後，然後用水壺倒進冷熱水沖勻，人就坐到裡面洗澡。一九六二年初，在救國團任職的宋時選，有天突然到新竹探望生病的周錦華，親眼看到那間簡陋的浴室，他嚇了一跳，沒想到他們的日子會過得那麼糟。

造成章家生計困難的另一個原因是，他二舅章澣若和王昇之間，在五〇年代中期就無法相處，後來幾乎沒有交往。蔣孝嚴認為，經國先生一定交代過王昇要妥善照顧遠在新竹的章家，最初幾年，王昇確實盡了力，也辦到了，但後來由於王昇和二舅舅沒相處好，原先過年過節一年三次送來的生活費用，也因此中斷，全家一下子陷入難以置信的窘境。一九六二年冬天周錦華在新竹過世，一個星期後王昇穿著軍裝到新竹來，在家裡十分簡陋的靈堂行禮，交代幾聲，留下一包治喪費用的錢，就離開了，未多做停留，顯然和章瀚若間的嫌隙依舊。

令人不解的是，既然蔣經國有交代要王昇照顧雙胞胎，王昇再怎麼對章家不滿，或與章瀚若不和，也不敢自作主張停止接濟才對，怎麼會連一年三節的生活費也沒了？一九五〇年中期到底發生什麼事？是不是蔣經國改變了想法，王昇這才不再去章家了？

無論如何就像蔣孝嚴說的，那十幾年他們所過的日子，真只能用「難民生活」來形容。到他們念大學時，日子仍然過得很緊，每學期都無法在指定日期繳註冊費，連每天到自助餐店用餐的錢，都經常付不出而拖欠，等有錢才把一兩個星期或一兩個月所欠的錢一次付清。這種生活一直到他和孝慈大學畢業服完兵役，搬離新竹，有了自立能力後才漸次告結。

蔣孝嚴感嘆並猜想，章家在新竹之所以過得那麼困頓，當然是有人為了要保護經國先生及蔣家的聲譽，使得章家大小無辜地做出了犧牲。經國先生還以為他們在新竹一直過著無憂無缺的生活；他更可能誤以為，孝嚴、孝慈從來就不知道自己的生父是誰，所以從未影響到心靈的平靜。

他記得念初中時，聽到二舅和外婆多次當面否認別人好奇的詢問：「這對雙胞胎是不是蔣家的骨肉？」每次他們都以極不自然的笑容，卻明確地回說：「不是！不是！……不要亂講。」一直到上高中二年級，一九五八年冬天，才從外婆口中得知，蔣經國是他們的父親。當他聽到蔣經國三個字，心中有說不出來的複雜，腦海裡直呼「這怎麼可能？這怎麼可能？」因為對他而言，蔣家是完完全全存在另一個世界裡，這種事怎麼會發生在他們身上？

而當他們成年後，王昇告訴他們，他三不五時都會將近況向經國先生報告。但蔣孝嚴認為，王昇一定未曾告訴經國先生，他們念中學時就曉得自己的身世，以及因它而帶來的心理上難以調適的痛苦，否則他應當不忍心在他們各自成家之後還不安排會面。

這真是造化弄人，孝嚴、孝慈不知道，外婆周錦華也不知道，一九五四年十月、也就是五〇年代中期，蔣經國撕掉了日記中關於雙胞胎出生與悼念章亞若猝逝的扉頁，還幫雙胞胎「安排」一個生父王繼春，周錦華卻在一九五八年冬天告訴兩兄弟，他們的父親是蔣經國。當時的蔣經國是高高在上的「蔣太子」，兩兄弟卻在為生計苦苦掙扎，如此的巨大落差，讓他們陷入渴望父愛、又求之不得的痛苦深淵中。直到蔣經國逝世，彼此都是兩條感情的平行線，這是一個令人無語的世間悲劇。

郭禮伯來台賦閒多年，當過桃園縣民政局長

抗戰勝利後，一九四六年底，郭禮伯與京劇名角王屏南在上海結婚，婚後兩人育有二男三女。一九四七年郭禮伯被任命為江西省政府委員，兼省訓團教育長，到了

一九四九年四月又改兼任省民政廳長，此後主要工作是統籌江西省政府遷台事宜。但國共內戰卻迫使全家分散逃難，郭禮伯雖想將所有家庭成員帶離大陸，但是年邁的母親認為家裡的產業需要有人看管照顧，加上她眷戀故鄉，不願遠離，要兒子留下三個幼小孫子孫女，陪她留守家鄉，郭禮伯只有遵從。

一九四九年端午節前夕，郭禮伯和太太王屏南帶著家人隨江西省政府來台，連同其他兩個黃埔一期的家族，搭上蔣介石安排的專機從廣州飛抵台南。來到台灣後他們又生了二女一男，一大家子食口繁多，生活壓力沉重。加上江西省府遷台後，很快就辦妥人員資遣及物資繳公，行政院下令對江西省主席和委員予以停職。當時有些人得到上峰的安排，郭禮伯卻一直沒有分派到職務，他的事業與生活，突然間全無著落，度過了近五年的失業煎熬。尤其來台一年之後，住在高雄鳳山初期，當時從大陸帶來的少數現金很快用盡，生活發生困難。幸好有幾位黃埔同學兼好友，自動自發每月支助新台幣八百元，答應為期六個月。六個月後，經濟來源完全中斷，全靠典當度日。

但沒多久，從大陸帶來稍微值錢的衣物，都已典當一空。有一次，一輩子沒去過當鋪的郭禮伯，為了急需繳交兒子學校的伙食費，曾忍著難為情，親自前往當鋪典當他戴了多年的歐米茄手錶。還有更艱苦的情況，不但多次無米可炊，連他每天所需三元一包的新樂園牌香煙，也接應不上。另外當時所住的免費房屋，屋頂是以稻草鋪蓋，每逢下雨就上漏下溼，無法容身。遇到颱風來襲，就必須帶著乾糧和寢具，到官校大隊部去避難。郭貽熹回憶說，在往後的二、三十年間，全家人是靠父親微薄的薪資和母親儉省自立持家，偶爾介紹土地買賣和搭互助會的額外收入來支撐的。他清楚記得，每次要繳學費時，父母親多次面對面愁繳學費，相對無言的窘態和情景。

郭禮伯後來是透過曾任國民黨江西省黨部主委的老立委詹純鑒介紹，於一九五四年春到台灣省高雄縣國民黨黨部，擔任紀律委員會常務委員。接著又受軍人之友總社邀請，兼任高雄縣軍人之友分社總幹事。一九五七年冬天，軍人之友分社經費週轉不靈，兼任理事長的縣長陳皆興，強要郭禮伯先向銀行貸款應付，兩人發生言語衝突，郭一氣之下辭去總幹事兼職。後來縣黨部戴主委競選縣長，主委職務由書記代理，書記在輔選期間，對於輔選經費有所弊端，郭禮伯予以檢舉，反為省黨部主委郭澄所不滿，兩人都必須被調離現職。

一九六〇年底，郭禮伯在黃杰和陳大慶等黃埔一期同學的關照下，擔任桃園縣政府民政局長，在這個職位一待就待了十一年，直到一九七二年二月才退休。郭禮伯調任桃園縣民政局長時，縣長吳鴻麟剛選上半年，吳鴻麟就是國民黨榮譽主席吳伯雄的父親。由於都是客家籍，兩人講話都是用客家話，彼此相處融洽，吳鴻麟常會說：「老前輩，委屈您了。」

一九七〇年八月，在郭禮伯退休的前半年，接到省政府命令兼任中台化工公司董事一職，這是當時的台灣省主席陳大慶，為多年老友安排的退休出路，每月開會一次，可以領取車馬費，雖然只是象徵性的報酬，但也不無小補。

退休後，郭禮伯最珍惜的是和黃埔老同學的聚會。當中最難以忘懷的，就是一九七四年六月十六日在鳳山陸軍官校，為黃埔建校五十週年舉辦的校慶活動。當天的主持人是蔣經國，他當時擔任行政院長，因為老總統年事已高，身體健康不佳，無法出席，只發來了書面賀詞，由蔣經國宣讀。所有當時在台健在的黃埔師長，如何應欽、顧祝同，及前期校友都以貴賓身分被邀請參加這個難得的慶典。當學生分列式一開始，軍樂隊奏起五十年前熟悉的黃埔校歌──「怒潮澎湃；黨旗飛舞，這是革命的黃埔……」，郭禮伯和貴賓席上老戰友都激動地紛紛站起身子，眼裡充滿了淚光。

當天陸軍總司令于豪章（軍校十二期），率領官校校長秦祖熙中將及其他幾位司令列隊，一起向所有出席的第一期學長舉手敬禮，並接受前輩們的象徵性口令操練，是當天慶典的一個高潮，令全體師生歡笑不已。郭禮伯每次回憶這次經歷，都回味無窮，並以自己身為一個黃埔軍校畢業生為榮。

郭禮伯退休時雖然已經年滿六十五歲，但是精力並沒有衰退，工作意願也沒有減少，因公家人事制度所限，已經沒有機會再為國家社會效勞服務，在家閒散、虛度光陰，他自己覺得十分可惜。一九七八年二月十四日郭禮伯逝世，享年七十三歲。死後葬在北投陽明山第一公墓，蔣經國特別在他墓碑上題字「勳勤永著」，兩人關係真有如兄弟一般。因那時距離老蔣總統去世尚未滿三年，下款「蔣經國敬輓」中間還多了一個「制」，表示他還在守喪期。郭禮伯逝世後，妻子王屏南於一九七九年遷居美國，和子女及孫輩相聚，安享晚年，於二〇二二年七月無疾而逝，享年九十八歲。

蔣經國穩步接班，總統任內逝世

一九四九年蔣經國來台後，隔年出任國防部總政治部主任，擁中將軍銜，另兼任總統府機要室資料組主任，指揮所有黨政軍特務機構，下設保安處，取代毛人鳳保密局業務。一九五一年創辦政工幹校，擔任校長；一九五二年成立中國青年反共救國團，擔任主任。一九五七年劉自然事件發生後，轉任行政院國軍退除役官兵輔導委員會。一九六五年被任命為國防部部長，一九六九年升任行政院副院長，一九七二年擔任行政院院長，一九七五年蔣介石逝世後成為中國國民黨主席，一九七八年起接任中華民國第六、第七兩任總統，於一九八八年一月十三日總統任內逝世。

蔣經國來到台灣前後三十九年，歷任要職，肩負重任，卻從未去探望過章家兄弟；但相反地，據《我的父親郭禮伯》作者郭貽熹接受筆者訪談時透露，蔣來台早期和他父親曾頗有往來，其父還在蔣的敦促下，多次到新竹去探望周錦華及孝嚴、孝慈兩個雙胞胎兄弟。

二〇二二年七月郭貽熹接受筆者訪談，詳述郭家來台後，他父親與蔣經國及章家的互動情況。

他說一九四九年其父郭禮伯來到台灣，先在台南住了一年多，後來就落腳在高雄鳳山。之所以選擇鳳山，是因陸軍官校在那裡，他父親有很多昔日的部屬或學弟都在官校，他姨丈還在官校當大隊長。後來他父親當了國民黨高雄縣黨部的紀律委員，他們在鳳山前後住了長達十年，也就是五〇年代郭家一直都住在鳳山。

郭禮伯一家住鳳山期間，蔣經國到南部公出時，會趁便到他家裡來看他父親，兩人喝酒、聊天，無所不談。郭貽熹說當時他年紀還小，蔣經國每次來的時候，就會有許多警衛來家裡，所以他留有印象。記得有一次他在屋外稻田玩泥巴，回到家滿身汙泥，媽媽要他趕緊去清洗，說有客人來了。然後爸爸要他對客人叫「蔣叔叔好」，還說客人是爸爸的好朋友，像他弟弟一樣。蔣經國也很開心，摸摸他的頭，問他乖不乖。

郭貽熹說，長大後他問父親才知道，蔣經國都是利用每年六月十六日南下出席陸軍官校校慶時，順便來看他父親，每年都會來，所以來了很多次。

不過郭禮伯來台後投閒置散多年，臨老自己都覺得虛度光陰，十分可惜。這是否受他和蔣、章的特殊關係影響所致？郭貽熹的看法並不是這樣。他在書中提到，一九四九年冬，郭禮伯曾到台北市長安東路會晤蔣經國，承他關注，要為他安置職位，事雖未成，盛情可感。第二年春天，東南長官公署方天和李良榮兩位郭的好友，也曾邀請郭擔任生產訓練班主任，又因此項業務歸台灣省政府主辦，當時的省主席吳國楨不同意，致未能成功。

郭貽熹說，蔣經國對他父親很敬重，但不可能重用他，怕不好意思指揮這位他口中的「郭大哥」。所以蔣經國都是透過黃杰、陳大慶等他父親的同學，間接來照顧。陳大慶當省主席時，發佈他父親為桃園縣政府民政局局長，事前有跟蔣經國報告，蔣說很好，這樣他也很放心。陳大慶和他父親關係很好，他們不但是黃埔的同學，還都是江西客家人。還有黃杰當省主席時來他家，和他父親吃飯喝酒，他父親都會開玩笑叫他長官，黃杰就會說：「不許叫我長官！」

關於蔣、郭與章三人之間的事，在《我的父親郭禮伯》書中已有交代，郭貽熹接受筆者訪談時補充說，當年是他父親把章託付給了蔣，因為一九三九年秋天就要被調去重慶任新職，老總統叫他帶家眷去，所以章就不能去，這件事必須有個安排。當時小蔣都稱章為大嫂，叫了很多年，而他內心對章很仰慕，章的為人做事他也很欣賞。所以這個安排既滿足了小蔣，也解決了郭家的問題。

蔣經國知道他父親是明理的人，不會去外面亂講。而且他父親是受到老校長託付來協助他的，所以蔣經國許多事情都會找他父親請教。例如在贛州時蔣怕方良知道他與章的事，問他父親怎麼辦？他父親就以自己的經驗，建議他聘章亞若當家教，教蔣孝文學習中文，然後在外頭幫她租房子住。這其實就是他父親在南昌時的做法，他讓章亞若當他的祕書，另在外面金屋藏嬌。

郭貽熹認為，以他父親和蔣經國兩人無話不談，在鳳山蔣經國來他家聊天喝酒時，相信他們一定會談到章亞若，還有雙胞胎的事。他父親在榮總住院時就跟他說過，蔣曾提到雙胞胎現在叫王昇幫忙照顧，但王畢竟是外人，而他自己身分又有所不便，所以要他父親有空去看看「岳母」。他說蔣和郭私下交談時，都是以「岳母」稱呼周錦華。但當時他們家住在鳳山，經濟條件又不好，所以是等到他父親當了桃園縣民政局長之後，才去探望他們。

一九六〇年底他家從鳳山搬到桃園，本來他已經考上高雄中學初中部，讀了一個學期就轉學到台北建國中學初中部。那時每逢過年，他父親都會帶著他去拜訪親友，其中一個行程就是到新竹。父親帶著他坐上公務車，南下新竹說去看「朋友」，但每次都叫他在車上等就好，不用下車。其實他父親就是去看章亞若的媽媽周錦華還有雙胞胎兄弟，年節到了給他們帶些過節禮物，還有送點錢讓他們過年。這樣的新竹拜年行程有好幾次，到一九六二年周錦華過世後，還有去探望雙胞胎的舅舅和舅媽，所以他父親當然見過孝嚴、孝慈兄弟，但他們並不知道他是誰。當時周錦華都會告訴雙胞胎，來的客人是你們媽媽在贛州的長官。其實在贛州時，他父親和周錦華就很熟，常去她家探望。他們一大家子在贛州住的房子，就是他父親去張羅的。

至於雙胞胎到底是誰的小孩，郭貽熹說他在書上寫的，句句都是他父親在榮總病榻上告訴他的。不過因為郭、章與蔣、章的交往有重疊時間，可能是章自己也不能確定，為了討好他父親，就說「當然是你的！」但以當時他父親和蔣無話不談，他研判父親應當有和小蔣提過，當年章對他說懷了他的小孩這件事。至於這是不是蔣經國從不曾去看章家兄弟的原因，他無從判斷。

郭貽熹說，一九七七年他從父親口中得知這個祕密之後，父親當時只是跟他講你已經長大了，應當知道這些事，並沒說將來可不可以發表，但要他審慎處理。「因為小蔣就要當總統了，要顧慮他的處境，我不做落井下石的事。但將來如果有人亂造謠，你心裡有了底，就不會被別人給忽悠了。」

至於為何決定在二〇一〇年出版，把當年章亞若向他父親說的雙胞胎血緣祕辛透露出來？郭貽熹說一九八八年蔣經國逝世，到了九〇年代他就在醞釀是否要公開這件事。等到二〇〇三年他退休後，有了空閒時間，就想把父親的一生好好寫下來。他根據父親的日記、回憶錄、信件和他口述的資料，以及自己多年與父親相處的親身經驗，並花了四年之久查找各種資料，包括陳大慶、黃杰的回憶錄，還有孫元良（影星秦漢之父）也是他父親的黃埔同學，他的回憶錄他也看了。

他坦承《我的父親郭禮伯》出版前，內心當然還是有壓力。不過就像他在書中強調的，章、蔣、郭三位當事人都已過世多年，應該不至於對他們三人和他們的後代有任何負面的影響，因為「事實就是事實，是不應該永久被扭曲或隱藏的」。

最後促使他決定出版的，還有兩個原因，一是他父親生前寫了回憶錄，許多事情都有詳細交代，但關於他生命中的女人的故事並沒有寫進去。二、當時有許多錯誤訊息，江西還有教授為了賺稿費，把他父親描寫成像北洋軍閥一樣的人，說什麼他父親在家打麻將時都有好幾個姨太太作陪，章亞若是第三個等等，讓他實在看不下去。

還有黃埔二期的李以勛將軍，他是在一九三九年三月受郭禮伯之託，促成章亞若離開郭家去小蔣那裡就職的人。蔣經國辭世後，李以勛基於當年外界有太多流言及誤傳，把郭、章、蔣三人關係和時空背景亂寫一通，說成是「三角戀愛」、「武夫納妾」等不堪情事，為了還原歷史真相，才以八十三歲高齡，於一九九五年在《傳記文學》發表〈兩度相隨蔣經國的經過及見聞紀實〉，寫出這段史料說明郭、章、蔣三人之間真正的關係，來減少對經國及亞若之內疚。李將軍的義行與勇氣，讓郭貽熹更覺得不能再沉默下去。

這本書出版後至今已十二年，郭貽熹說這幾年媒體報導很多、也有名嘴談過，但他並沒有接到任何來自蔣家或章家兄弟的反應，不過相信他們應當是看過的。

第九章

蔣孝嚴認祖歸宗——從「事實承認」（De Facto）到「法律承認」（De Jure）

●

二〇〇〇年起，章孝嚴開始進行認祖歸宗程序。第一步是帶家人回到奉化溪口祭祖，讓社會大眾看到他是蔣家人的「事實承認」；進而又在行政機關的配合下，依據王昇出具的「撫養事實」等證明，完成認祖歸宗的「法律承認」。不過蔣經國日記否認雙胞胎是其骨肉，並說是幫亡友代為撫養，而不是請王昇幫忙撫養他的小孩，使得當初的行政決定是否有效，引發質疑。

蔣經國私生子之謎，在台灣戒嚴時期雖是禁忌，解嚴前黨外雜誌已有披露，台北政壇私下也多所談論，連美國政府都知曉。根據美國解密資料，一九八五年初，中央情報局一份名為「台灣政治繼承」的機密文件，就清楚指出時任外交部北美司司長章孝嚴的父親，就是中華民國總統蔣經國。

一九八八年一月十四日，李登輝依憲法繼承總統職位的第二天，曾特別打電話到外交部常次辦公室，親自向章孝嚴表達慰問之意。李登輝這通慰問電話，讓章孝嚴特別印象深刻，因為他在電話中直稱經國先生為「你的父親」，在當時是政府裡的第一人。

這說明美台政界很早即已認定，章家兄弟就是蔣經國婚外生的子嗣。但蔣經國逝世後，很長一段時間，章孝嚴並無認祖歸宗想法。據他在《蔣家門外的孩子》一書說：「一九八八年經國先生過世後，孝武不只一次主動和我談到有關我『認祖歸宗』的事，我只能說：『這是多年的願望，但不急。』他說：『這本來就是合情合理的事，但是，可不可以等到我母親百年以後再處理，我還可以協助。』我說：『當然！我很了解也非常感謝。』」

章孝嚴深知關於認祖歸宗一事，許多因素不是他們能掌控的，只能順其自然。沒料到，一九九一年七月蔣孝武突然過世，接著一九九六年二月章孝慈又病逝，蔣孝勇也在同一年的十二月過世。章孝嚴突然發現在「歸宗」這條路上，有直接關係和能幫上忙的人都一一不在了；他面臨的環境，和幾年前又完全不同了。

《蔣家門外的孩子》書中提到一樁祕辛，一九九七年五月十四日，章孝嚴接到浙江奉化溪口三位蔣家族長蔣中偉、蔣寶祥及蔣嘉富的聯名信函，邀請他帶妻小去蔣家祠堂祭祖。信中強調，要認祖歸宗便要先來祭祖。但當時台灣規定政務官不准進入中國大陸，所以，他不僅沒有覆函，連太太黃美倫都未曾提及，直接就把那封信鎖進抽屜裡。

二〇〇〇年台灣首次政黨輪替，國民黨失去執政權，五月二十日後章孝嚴卸下政務官職位，終於可以前往大陸了。八月二十三日他攜全家大小到溪口蔣家祠堂祭祖，作為啟動程序的第一步。這一步很關鍵。長期從事外交工作的章孝嚴，以國際法有「事實承認」（De Facto）和「法律承認」（De Jure）兩種「承認」，認為他到溪口祭拜祖先和掃祭祖墳，完成蔣家祖先的「事實承認」，藉此讓社會大眾看到他已成為「蔣家人」的事實，對日後邁進到「法律承認」至為重要，因為他即將投入二〇〇一年年底立法委員選舉，遲早必須面對正名的問題。

二〇〇〇年九月五日結束奉化溪口「認祖」之旅，返回台北後，章孝嚴即著手身分證「父母欄」之更正。翌年春節過後，他請教台北市政府民政局長林正修，林說依照戶籍法規定，可分兩部分辦理：一、先舉證原身分證上父母欄之登載內容不實，並證明「章浩若」與「紀琛」，僅係他親舅舅和舅媽；二、同時舉證「蔣經國」與「章亞若」係親生父母，且生父在生前對他和孝慈有撫養的事實。

書中說，由於經國先生已經不在，孝字輩三兄弟也都已故世，舉證血緣暫時無法進行，只能從「撫養事實」著手。祭祖回來他再度去看王昇，由王出具「證明書」，證明：一、章孝嚴先生確為經國先生之親生子，母親為章亞若女士。二、出生後，章孝嚴及其雙生兄弟章孝慈之有關生活費用，均係由經國先生所提供；其中若干部分，曾由本人親自轉交於章孝嚴的外婆及舅舅。經國先生對其親生子女章孝嚴及章孝慈確有撫養之事實。

二〇〇一年八月十二日，章孝嚴透過表弟章修綱由他母親書面具結證實：一、其夫章澣若乃章亞若女士之弟，一九四九年章孝嚴自大陸遷居台灣新竹，由章澣若代為申報戶口時，誤將章浩若、紀琛登記為章孝嚴之父母。二、章孝嚴出生後，蔣經國先生不但承認其為己出，並將其託付章孝嚴外婆章周錦華女士及二舅章澣若養育，且由親信王昇按時給付撫養費用。

二〇〇二年七月十二日又與桂林市第二人民醫院聯繫，由該院於八月一日出具出生證明：「章亞若於公元一九四二年三月一日在我院分娩一對雙胞胎（當時乳名大毛、小毛，又稱麗兒、獅兒），即章孝嚴、章孝慈。特此證明。」接著章孝嚴請大舅舅章浩若的兩個兒子章修純和章修維，出具聯名聲明：一、我們的父親是章浩若。二、章亞若是我們三姑，生前育有一對雙胞胎，即章孝嚴、章孝慈。他們出生半年後，三姑即在桂林市暴病身亡。

他說搜齊以上各項文件，旨在明確證明：一、蔣經國為章孝嚴兄弟生父；二、章亞若為章孝嚴兄弟生母；三、蔣經國有撫養章孝嚴兄弟之事實；四、章浩若並非章孝嚴兄弟生父。唯獨「紀琛並非章氏兄弟生母」一事，需要更明確之證明。

二〇〇二年九月三日他到美國訪問，探望睽別五十三年之久的大舅媽紀琛，並請夫人黃美倫從她頭上現拔兩、三根頭髮，交由在場駐洛杉磯辦事處的兩位組長用公文送台北內政部處理。內政部接獲後，再派員到他辦公室拔了幾根頭髮，立即交由警政署刑事警察局進行 DNA 比對，九月三十日報告出爐：經 DNA-STR 鑑驗，確認紀琛女士非章孝嚴之生母。

提出上述必要文件後，經多次公文往返，由內政部約集法務部及台北市政府等相關單位會商，復經司法院專案研議，方於二〇〇二年十月獲得通知，同意為身分證之更正，全案才算確定。二〇〇二年十二月十二日中午由立法院長王金平出面辦了茶會，章孝嚴與好友慶賀歸宗的實質完成。根據身分證之更正，此後他終於可以大聲說：「蔣經國是我父親！」

因當時方良女士仍在世，章孝嚴基於對孝武、孝勇的承諾，戶籍資料仍從母姓。直到二〇〇三年十二月蔣方良女士病逝，俟滿「七七」四十九天後，二〇〇四年四月十八日，他才換領真正象徵「認祖歸宗」的那張新身分證。除本人依法改名「蔣孝嚴」外，配偶及子女亦均得辦理姓名變更登記，章萬安也從那時改為蔣萬安。

以上是蔣孝嚴自述認祖歸宗的大致過程，其中關鍵就在於如何從「事實承認」走到「法律承認」。

書中多次提到，二〇〇〇年他到溪口老家專程祭祖，透過媒體大肆報導後，對強化「蔣經國是我生父」的社會認知有具體作用，有助於日後循司法程序時審理單位的採證。他還特別舉一位法學出身擔任院長職務的朋友對他說過，一旦他的「蔣家關係」像「太陽是從東方升起」一樣，成為大家共同認定的事實，以後法律上根本不會要求什麼事證，驗 DNA 都是多餘的了。

章孝嚴如此費盡心血，塑造公眾認知他是蔣經國後代，確實在後來的法律承認過程中發揮了作用。當年主持「認祖歸宗案」專案會議的內政部次長簡太郎，在回憶錄《雪泥鴻爪》一書中記載，章孝嚴是依《戶籍法》第三十條規定備妥相關證明文件，向台北市政府申請更正為「章亞若女士之非婚生子女」，同時被蔣經國先生認領，但維持從母姓。章孝嚴另向內政部提出陳情，前內政部長余政憲將陳情書等全案交由簡太郎研處，簡太郎為此開了兩次跨部會議協調。依《行政程序法》第三十六條、三十七條、四十三條規定，行政機關應依職權調查證據，且應依各種合法證據資料認定事實，作成行政決定。

相關適用法律條文如下：

一、戶籍法第三十條：認領登記，以認領人為申請人；認領人不為申請時，以被認領人為申請人。

二、民法第一〇六五條：非婚生子女經生父認領者，視為婚生子女。其經生父撫育者，視為認領。非婚生子女與其母之關係，視為婚生子女，無須認領。

三、姓名條例第八條第一項第一款：被認領者得申請改姓。

四、戶籍法第五條：戶籍登記：由直轄市、縣（市）主管機關於其轄區內分設戶政事務所辦理。

簡太郎說，「認祖歸宗案」必備條件之一，須有蔣經國的DNA證明，但因蔣經國已過世十多年，無法取得DNA。若循司法途徑將曠日廢時，因此跨部會議經兩度專案會議，決定改依《民法》第一〇六五條「……其經生父撫育者，視為認領」來認定處理。

針對《民法》第一〇六五條所稱「撫育事實」，章孝嚴提出的憑據是王昇將軍出具的「撫育事實證明書」，王昇提出的資料包括來自總統官邸的字條，每月匯給章孝嚴學費、生活費等文件，證明章孝嚴出生後有關生活費用均係由經國先生所提供，經國先生對其親生子章孝嚴確有扶養之事實……。

另依《戶籍法》第三十條規定：「認領登記，以認領人為申請人；認領人不為申請時，以被認領人為申請人。」章孝嚴所提證件應足資證明蔣經國先生有撫育之事實，且為認領登記之適格申請人，故得辦理認領登記。

由於章孝嚴的戶籍登記，其父母為章浩若先生、紀琛女士。為證明其與紀琛女士無親子關係，章孝嚴提出一項證據，經美國洛杉磯台北經濟文化辦事處見證的紀琛女士頭髮數根，由內政部警政署刑事警察局進行鑑定結果：「經 DNA-STR 鑑驗，可確認紀琛女士非章孝嚴先生之親生母。」

而因章浩若先生已於一九六九年過世，無法證明其與章孝嚴先生親子關係存在與否，惟章浩若之子章修純、章修維二人提出經海基會驗證的聲明書，及廣西省桂林市第二人民醫院出具的證明書，皆可證明章孝嚴先生與章浩若先生及紀琛女士無親子關係，且為章亞若女士之非婚生子女，得依戶籍更正登記要點第四點辦理更正登記。

簡太郎認為，章孝嚴先生在申請更正章亞若女士為其親生母親及其被蔣經國先生認領的過程，確實提出相當完整的證明資料。行政機關本於職權善盡調查證據，認定事實所作成的行政決定，應足採信，提供外界釋疑。

但蔣經國日記二〇二〇年公開之後，由於日記中否認這對孿生子是他的骨肉，並指王繼春才是他們的生父，讓社會大眾開始質疑二〇〇二年做出的行政決定：即藉由社會上的「事實承認」、再透過行政機關從寬解釋所完成的「法律承認」，是否還是有效？

二〇二二年七月，筆者特別就此詢問簡太郎先生：既然「認祖歸宗案」必備條件之一，是必須有蔣經國的 DNA 證明，當年為何不要求進行 DNA 比對？簡太郎說主要是經國先生已逝世十多年，除非開棺否則無法取得他的 DNA。至於蔣家後代，顯然無意配合進行相關的 DNA 比對，因此如果循司法途徑，由陳情人向法院提出認祖歸宗要求，官司可能會打很久。

而因當時社會上都已認知他們兄弟就是蔣經國生的，余政憲前部長交辦時也是這麼說的。他不否認專案會議是以樂見其成的態度進行審酌，但還是需要依法完成舉證才行；王昇先生出具的「撫育事實證明書」因此就很重要。

不過有法界人士指出，雖然蔣經國已經過世多年，但從法律程序來說，當年章孝嚴如循司法途徑提出認祖歸宗請求，法院就會要求蔣家後代配合做 DNA 檢驗，據以判定是否同意其認祖歸宗。如蔣家不願意配合，法院或行政機關才能依照《民法》第一〇六五條所稱「撫育事實」，判定章孝嚴為蔣經國後代。

筆者接著詢以：現在蔣經國日記稱雙胞胎非其親生，如有人據此提告指當年的認定有瑕疵，如何處理？簡太郎的看法是，當初專案會議是根據民法第一〇六五條第二項明定：「其經生父撫育者，視為認領。」而不是第一項「經生父認領者，視為婚生子女」，因此關於蔣經國日記上面記載，否認雙胞胎是其親生一節，並不影響當初作成的行政決定。

筆者接著再問：同意認祖歸宗既是以王昇出具的「撫養事實證明書」為依據，但依照經國先生一九五四年十月三十日日記的記載：「……現此二孩已十有餘歲，為念亡友之情，余仍維持他們之生活……」說明他對雙胞胎雖有撫養之事實，不過他是幫老友代為撫養，而不是請王昇幫忙撫養他的小孩，即此一點，會不會對當初的認定構成挑戰？

簡太郎表示，當時蔣經國的日記尚未公佈，行政單位並不知道他日記中有雙胞胎非其親生的記載，以及是念亡友之情代為撫養等情事。何況日記的記載也不一定就是真的，除非提告人能證明日記所記為真，否則應當不會構成挑戰。簡太郎承認當時的行政決定未必沒有瑕疵，但已經是就當時所知的事實，依據相關法令規定依法完成舉證得出，所以是沒有問題的。

歷史的真相本來就不容易呈現。不過章孝嚴整個認祖歸宗程序是在「沒有 DNA 鑑定報告」及任何其他「親緣關係鑑定」證明，且蔣家後代反對下完成的。這是行政機關從寬解釋下的特例，不可能不受到質疑。

二〇〇二年七月八日法務部曾就此事在答覆函表示「章孝嚴應依司法途徑完成認領程序」，原因是子女要依一〇六五條第一項後段申請認領登記，必須生父仍然在世，而且對「生父」及「撫育事實」沒有爭議才行；如有爭議就必須依第一〇六七條第一項提起「認領之訴」。

生父生前未認領，通常存在有歧見，因而無法依一〇六五條第一項後段直接申請「認領戶籍登記」。生父死後申請認領更需訴訟，因涉及真實血緣關係，以及繼承權的認定；故法律規定應以訴訟為之，以防發生弊端。

簡言之，死後認領涉及真實血緣關係以及繼承權的認定，應由章孝嚴對蔣經國之繼承人提出認領之訴才合於民法的基本法理，斷無由戶政事務所逕為認定之理。現在已有台北市長參選人蘇煥智，以章孝嚴當年申請時並無提出DNA報告，或其他親緣鑑定報告，且罔顧蔣方良及其他繼承人不同意的立場，沒有其他繼承人的同意書等，要求台北市民政局予以撤銷。這個問題最終恐怕只有靠驗DNA才能解決。

第十章

蔣家人為什麼反對章孝嚴認祖歸宗？

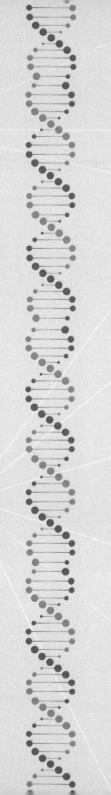

● 章孝嚴曾經十分努力希望得到蔣家的接納，但他四次求見蔣夫人都被拒絕。他與蔣孝勇一度相處自然「親如兄弟」，最終卻形同陌路。蔣孝勇是否因看過蔣經國日記，才反對章孝嚴認祖歸宗改姓蔣，外界不得而知。但也因蔣家人的阻撓，反讓章孝嚴對「回蔣家」這件事更加堅持，最後並在行政單位的配合下，完成「認祖歸宗」的法律程序。不過，未能經由比對DNA徹底釐清真相，仍然讓此事留下些許遺憾。

外傳蔣夫人宋美齡生前曾有交代，蔣家人絕不准去驗DNA，因為這本來就是一件有傷蔣家名譽的事，驗出來是與不是都是傷害。蔣孝嚴在《蔣家門外的孩子》書中也說到，關於「回蔣家」這件事，讓他們最不能接受的是，竟可以由某一特定的人或少數人不以事實為根據，而只依據情緒來判斷。

不過至少在經國先生過世前後那幾年，章孝嚴並不認為蔣夫人反對他們「認祖歸宗」。書中特別舉出兩件事加以「佐證」。

其一是一九八九年六月十二日他受邀出席美國波士頓大學頒授蔣夫人榮譽博士的茶會，當蔣夫人步入茶會禮堂時，他主動趨前致意並自我介紹，蔣夫人伸出手和他握手，用鄉音很重的奉化話問他：「儂好吧，儂好吧，儂在外交部是吧，儂表現得很好……。」章孝嚴恭敬地回說：「謝謝夫人，也恭喜夫人獲得博士學位。我是孝嚴，我在外交部擔任次長。」蔣夫人親切地說：「好，好，很好；我曉得，儂做得很好，儂做得很好。」雖然只有短短幾句話，章孝嚴認為，蔣夫人當場有認出他來了。

還有一件是一九八六年他兒子章萬安就讀幼稚園時，有一天放學後到陳履安家去玩，陳履安兒子陳宇全是他同班同學，回來後興奮地告訴媽媽，他遇到一位很慈祥的蔣婆婆。後來黃美倫問了陳履安的太太曹倩，這才知道正好蔣夫人去他們家探望陳履安的母親譚祥女士，曹倩就把章萬安叫到樓上和老夫人見面，並介紹說，這是孝嚴的兒子，老夫人把萬安叫到跟前，笑咪咪地摸摸他的頭。章孝嚴認為，這表示蔣夫人早就曉得他和孝慈的事。

以上事例不難看出，當時的章孝嚴是如何渴望得到蔣家的認可，這股難以言宣的孺慕之情，讓他對蔣夫人除了敬仰，還希望得到肯定與接納。但當他鼓起勇氣想當面求見蔣夫人時，沒想到卻屢次碰壁。在《蔣家門外的孩子》一書，蔣孝嚴曾提到自己四次求見在美國的蔣夫人均被拒絕，令他為之悲憤莫名。

第一次是一九九〇年他擔任國民黨海工會主任，特別利用赴美公出的機會，請外交部駐紐約辦事處處長吳祖禹聯繫請見蔣夫人，等了兩天後，得到的答覆卻是：「時間太倉促了，等下一次再說。」三年後，他以行政院僑務委員會委員長身分再度訪問紐約，像上次一樣，請上任不久的駐紐約辦事處處長吳子丹，和蔣夫人辦公室聯繫，希望能去晉見。第二天沒有回覆，吳子丹要他再等等。到第三天，得到的答覆是：「蔣夫人最近身體微恙，作息時間不定，不易安排，是否等下次再說？」他和夫人黃美倫只得失望地離開紐約。

再過三年半，他從僑委會委員長調升為外交部長，滿以為向來關心外交、且曾經主導對美外交至深至久的蔣夫人，這回應當會樂意見他。可是他再次失望了。蔣夫人辦公室仍用一成不變的說詞要吳子丹處長轉告說：「這次不方便，下次再看情形設法安排。」再度被拒見，讓章孝嚴內心十分悲憤，那天深夜，在華爾道夫飯店十二樓房裡，他思緒起伏，難以入眠，想起自己的遭遇，又回想起母親和外婆，不禁眼眶紅了起來。書中描述，當他掀開客廳的窗簾，望著燈火通明的紐約街景，不禁有著身處異國的孤寂，更有他是蔣氏家族裡的異鄉人的悲愴。

但章孝嚴仍不放棄，一九九七年年底，他從外交部長調任國民黨中央黨部祕書長。一九九九年二月，他以黨祕書長身分率團訪問華盛頓，訪美行程包括紐約，他認為拜訪蔣夫人的機會又來了，因蔣夫人是中評會的主席，國民黨的大家長。他請當時的外交部駐紐約辦事處處長鄧中生聯繫，原以為這次不會有問題，沒想到還是功敗垂成，無法如願。讓他不僅失望，更感到痛心。因為從一九九〇年到一九九九年，他以四種身分，前後歷經十年，經過紐約四次，正式透過辦事處向蔣夫人辦公室提出請見的要求，均被一一擋駕。

書中說，在這種情況下，他已不可能有機會把歸宗的事，直接向蔣夫人稟報或請示了，因為連面都見不到。後來有人告訴他，阻擋他在紐約和蔣夫人見面的，就是孔家的孔令儀和蔣孝勇遺孀方智怡。方智怡確實是反對章家兄弟認祖歸宗，二〇〇五年章孝嚴已經改姓蔣兩年之後，方智怡還曾公開說章孝嚴改姓是他自己的事，兩家也不會因此就多來往。

其實早在二〇〇〇年八月章孝嚴動身前往奉化之前，為求周延曾特地與太太去看了方智怡，向她說明整件事的緣由和大致的行程。希望得到理解與諒解。但方智怡的反應讓他覺得是「白費了！」書中說他並不怪她，「我知道這些都是由於過去和孝勇之間的誤會所致」。但也忍不住批評方智怡「以蔣家媳婦的身分，與蔣家並無血緣關係，卻常在他和孝慈認祖歸宗的路上說三道四，令外界有強烈的反感，但她自己卻渾然不知。」

關於和蔣孝勇的互動，蔣孝嚴在書中不同章節都有提及，顯示他確實很在乎與蔣孝勇的關係。書中說，他是從一九八五年起和蔣孝勇開始接近，雖然只是斷斷續續，彼此相處倒也相當自然。他任北美司司長時，蔣孝勇也曾就對美關係事項，閒聊時問他的看法。一九八六年他出任外交部常務次長之後，和蔣孝勇的交往日益增多。一九八七年七月蔣孝勇突然透過鴻霖旅運公司合夥人邱創壽，轉告說想正式認章孝嚴做哥哥，他當下說好，內心有喜悅也有驕傲。七月十五日晚，由邱創壽出面邀他和孝勇，到仁愛路三段和安大廈的住處一道用晚餐，算是不具形式的儀式，當場蔣孝勇叫他「孝嚴哥」。邱創壽叫好說早該如此，並舉杯向他們敬酒。

書中也提到，一九八八年一月十六日經國先生逝世後第三天，孝武就打電話給孝勇，要他安排他和孝慈去榮總瞻仰儀容。當天孝勇約他見面，兩眼紅腫，顯得很疲倦和沮喪，並且很感性地說：「父親生前曾把你們的事情告訴過我，而且對你感到驕傲，你和孝慈的事，老夫人也曉得。」

蔣孝嚴說，他始終很感謝孝勇誠意安排他和孝慈見到了經國先生最後一面，也很珍惜一九九〇年前後和他日趨和睦相處的歲月。但是過了幾年，萬萬沒想到，由於形勢的急劇變化，蔣孝勇卻與他漸行漸遠，實始料所未及。一九九二年，蔣孝勇可能因為健康惡化，也可能因為經國先生逝世對他的打擊太大，加上他和孝慈不僅未受影響，反而各有長進，所以蔣孝勇對他們「認祖歸宗」之事，一反幾年前的正面態度，竟向媒體說三道四，令他和孝慈有無比的難堪和委屈。

一九九〇年他擔任海工會主任時，曾利用到加拿大訪問的機會，到蒙特婁去看蔣孝勇，他太太方智怡也出來作陪。儘管蔣孝勇說他心境已經逐漸平復，可是他一眼看出來，經國先生雖已去世兩年，對他的衝擊仍絲毫未減，那是一種心理上極度的挫傷，淒涼地刻劃在他泡腫的眼皮、帶血絲的雙眼和明顯消瘦了許多的身軀上。父親過世這件事，對孝勇來說，遠比對孝武來得更不易調適。一九八六年初孝武即遠赴海外，已兩年多不在父親身旁，而孝勇則是形影不離，天天服侍在側，事無大小，無所不與。

書中說，當時，外界都知道蔣孝勇是最接近經國先生且被信賴的人，儘管他沒有一官半職，只不過是中興電機工程公司董事長，但是他每天都陪侍父親，而且經國先生最後幾年糖尿病日益嚴重，體力日差，到外縣市的巡訪也停了下來，孝武又人在海外，孝勇成了七海官邸最有權勢的人。當時就有傳說，不少重要公文，都由孝勇親自攜進在病榻前摘要報告請示，然後再口頭轉述有關裁示，就算定案，大家對他無不敬畏三分。

正因經國先生晚年對他的依賴極重，他一切的一切，幾乎完全依附在父親一人身上。失去了經國先生，讓蔣孝勇頓失依侍和重心，他突然發覺自己是置身在一個全然不同的政治環境，要面對的不僅是一個內涵截然不同的生活，更是一個冷冰無情的政治和只講現實的社會。往日幾乎可以喊水成冰的魔力，一夕之間消失殆盡。他雖然勉強維持外表的平靜，但這件事對他打擊太大、太深了，最後甚至影響到了他自己的健康，在一九九六年，經國先生過世八年後，就去世了。

但也正因為蔣家人的阻撓，反而激起章孝嚴內心的反彈和不滿，對「回蔣家」這件事因此更加堅持。蔣孝嚴說，其實早在他和孝慈還在讀大學時，就深談過以後該如何面對「歸宗」問題。他們意識到，那是一件困難重重、難以突破的事，有現實層面的困難，更有法律層面的障礙，而王昇和宋時選連他們要和父親見面的請求，都無能為力，要他們協助歸宗，更不必談了。因此他們一切要靠自己；將來如果面對歸宗的問題，也要是蔣家來找他們，不是他們去求蔣家。最終他也在沒有蔣家的配合下，完成了「認祖歸宗」的目標。

不過據蔣家親友透露，蔣孝勇生前曾問過祖母宋美齡，關於雙胞胎是否為其父與章亞若所生，宋美齡搖了搖頭說：「我不只一次問過經國，他都說沒這回事。」加上蔣經國逝世後，兩蔣日記就由蔣孝勇負責保管，他會不會是在之後看到了日記上那段王繼春才是雙胞胎生父的記載，因此才反對章孝嚴認祖歸宗改姓蔣？姑且不論蔣家和相關各方如何考慮，此事如果要徹底釐清真相，也只有進行 DNA 檢驗一途。關於 DNA 檢驗如何進行，筆者將在下一章完整說明。

第十一章

蔣孝嚴到底是誰的兒子？

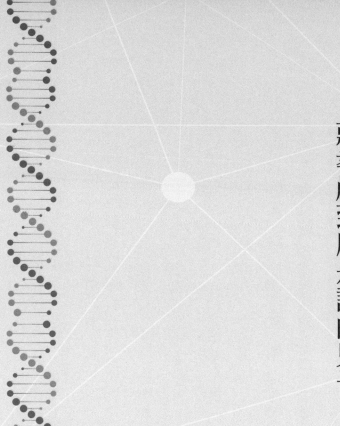

關於雙胞胎血緣問題，在章孝嚴二〇〇二年完成「認祖歸宗」，並於二〇〇四年改姓蔣之後，無論是社會的「事實承認」或政府的「法律承認」，應該說都已有了定論，本不應再起爭議。

但此事仍然存在一些不合理的疑點，有待進一步釐清。例如，蔣經國在大陸時承認雙胞胎為自己骨肉，一九四九年還安排他們和外婆從廈門搭軍艦來台灣，為何此後卻從不曾看過他們，連安排一次見面都沒有？如果說來台早年他政治根基尚不穩固，顧慮此事的負面影響，因此刻意迴避不見；但到了一九七〇年代蔣經國已是大權在握，雙胞胎也在外交與學術領域嶄露頭角，並已各自成家，何以他還是不與他們相見？這點連蔣孝嚴自己都想不透！

蔣孝嚴在書中曾以怨嘆的口吻說：「當我和孝慈成年後，王昇告訴我們，他三不五時都會將近況向父親報告。但王昇一定未曾告訴父親，我們念中學時就曉得自己的身世，以及因它而帶來的心理上難以調適的痛苦。假若父親早就知道，我們十六七歲就揭開了這個祕密，而渴切盼望著父愛，他應當不忍心在我們各自成家之後還不安排會面。」

蔣孝嚴認為有許多事，經國先生確實被部屬隱瞞了，才讓他們多年飽受內心煎熬。但王昇真的沒有報告蔣經國嗎？這又引出第二個疑問：王昇奉命要妥善照顧雙胞胎，為何一九五〇年中期後他就停止接濟章家？

蔣孝嚴說，「最初幾年，王昇確實盡了力，也辦到了。但後來由於王昇和二舅舅沒相處好，全家一下子陷入難以置信的窘境。」但以王昇的角色，他再怎麼與章澣若不和，恐怕也不敢擅作主張停止接濟，怎麼會連一年三節的生活費也沒了？會不會是蔣經國改變了想法，王昇這才不去章家了？一九五〇年中期到底發生什麼事？

以上兩個疑點，都沒有因蔣孝嚴已完成認祖歸宗，得到合理的解釋。這雖然不影響行政機關「法律承認」的效力，但對於社會上的「事實承認」，多少還是有所減損。

二〇二〇年蔣經國日記開放後，因為蔣經國在日記中，直接否認章亞若所生雙胞胎與他有關，而說是王繼春與「章姓女」未婚所生，這已衝擊了章孝嚴改姓蔣的「合法性」。上述疑問不但沒有得到解答，還擴大成為疑案。

不過經筆者反覆查證，確認蔣日記所寫並非事實，王繼春不可能是雙胞胎生父（詳本書第二章）。至於蔣經國為何在日記造假，一開始包括筆者在內，都傾向認為蔣經國是因當時處境困難，為免此事傳入其父耳中，影響他的接班大事，才透過日記向其父撒謊。但蔣介石其實早在一九四二年就已知曉此事，蔣經國沒有道理於十二年之後，再去「造」一個他父親已經知道的「假」，邏輯上根本說不通。這當中是否另有不為人知的隱情，顯然需要再深入探求。

在此同時，筆者發現蔣經國一九四二年三月二十四、二十五日，和八月九日到二十日的日記都被撕毀。日記撕毀的時間點，正好是他得悉雙胞胎出生及章亞若不幸在桂林猝逝。關鍵日記為何被撕？這是另一個待解的新謎團。

謎團越來越多之下，進而筆者又發現，就在蔣經國記載王繼春是雙胎生父同一時間的一九五四年十月，日記中提到他「一九四一、四二年的日記被人偷撕甚多，實為奇事」。還自問自答地稱可能於一九四九年侍父至馬公時被偷，並說「雖已不記得其中所記為何事，但決無愧心事，故於心亦甚安也。」令人不解的是，誰敢偷撕蔣經國的日記？還專挑關鍵頁面來撕，而蔣居然也自覺心安不想去追究?!

是否可能根本就是蔣經國自己撕的，卻故意寫說他日記是被偷撕的？如果真是這樣，他種種故布疑陣的做法，又是為了什麼？

正當百思不得其解之際，一本叫《我的父親郭禮伯》的書適時進入筆者的掃描視角。此書二〇一〇年就已出版，但很少引人注意，直到二〇二〇年蔣經國日記公開後，因為冒出王繼春是雙胞胎生父的話題，才終於讓郭禮伯的角色浮上檯面。

《我的父親郭禮伯》這本書，為章亞若和雙胞胎生父之謎，帶來許多新的「發現」。原來在章亞若短暫的生命裡，除了第一段婚姻和婚外結緣的蔣經國之外，還有一位很重要的男人，就是後來幾乎隱沒在歷史舞台的郭禮伯將軍。郭禮伯不但是第一個知道章亞若懷孕的人（一九四一年七月），並且從章亞若口中得知她懷的是他的骨肉。

但是郭禮伯一年多前已經把章亞若「託付」給蔣經國照顧了，這中間郭與章、蔣與章兩兩交往重疊又讓章亞若懷孕，該如何處理？郭禮伯經一番思考後，向章亞若獻策，要她等一兩個月再告訴蔣經國，到隔年三月足月生產時，就說是懷孕「七個月早產」。郭禮伯認為「孩子姓蔣比姓郭好」，這麼做對章的未來也比較有保障。章亞若於是照郭禮伯的獻策，一個多月後再告訴蔣經國懷孕的事，隔年三月於桂林產下孿生子時，果然對外說是七個月早產。

郭禮伯在獻計之後，就遠離章亞若，跟著也就從章亞若的情史消失。外界最為熟知的是章和蔣經國的婚外情，而且普遍認為她在桂林為蔣經國生下了孿生子。在一九八八年蔣經國逝世之前，外界對章亞若與郭禮伯的亂世情愛，幾可說一無所知，一因戒嚴時期的時空環境不容討論，二是郭禮伯來台後非常低調，章亞若已經過世，他把和章的事深深埋在心裡，後半生也不求問達，就默默地來到夕陽晚年。

一九七七年他癌症末期，才在榮總病房對兒子郭貽熹娓娓道來，懷抱著對歷史，對蔣、章負責任的態度，說出這段祕戀的三角關係。那一年蔣經國擔任行政院長，正準備接總統大位，孝嚴、孝慈兩兄弟也還姓「章」，郭禮伯在病榻前說出他和章亞若的亂世情緣，一邊卻要兒子小心保密，因為此事太過敏感。直到二〇一〇年，郭貽熹才決定出版，向外界公開其父臨終前說出的郭、蔣、章三人之間的祕辛。

作者郭貽熹說，他書上寫的句句都是他父親在榮總病榻上告訴他的。但因內容太過「顛覆」社會一般人的認知，外界仍不免半信半疑。且書中也無法釐清蔣經國為何在一九五四年十月，於日記中「編造」王繼春是雙胞胎生父，以及「交代」一九四二年三月和八月關鍵日記被撕等疑團。為了釐清真相，筆者透過各種管道試圖聯繫郭貽熹本人，終於在因緣具足下，於今年七月和目前人在海外的郭貽熹聯繫上，並同意接受獨家訪談。

透過郭貽熹的說明這才得知，原來蔣經國來台後和郭禮伯仍有往來，一九五〇年代他們一家在鳳山住了十年，期間蔣經國每年六月十六日南下出席陸軍官校校慶時，就會趁便到郭家來和他父親敘舊，來了很多次。兩人喝酒、吃飯，無話不談，不可免地會談到章亞若，及兩個也在台灣的雙胞胎孩子。不排除就在兩人酒酣耳熱中，郭禮伯向蔣經國說出當年章亞若告訴他，懷的是他孩子的事。

郭禮伯還跟郭貽熹說過，蔣經國曾提到雙胞胎現在叫王昇幫忙照顧，但王昇畢竟是外人，而他自己又有所不便，所以要郭禮伯有空去看看「岳母」。後來郭禮伯舉家遷到桃園，每逢過年都會去新竹看「朋友」，其實就是去探望周錦華還有雙胞胎兄弟，所以郭禮伯是見過孝嚴、孝慈兄弟的，但當時他們並不知道他是誰。

「驀然回首，那人卻在燈火闌珊處」，郭貽熹接受訪談說的這些他書上沒寫的內容，沒想到竟成為解開重重謎團的最後一塊拼圖：包括蔣經國為何在一九五四年十月編造王繼春是雙胞胎生父、又在同一時間記載一九四二年的關鍵日記被撕，以及為什麼他自一九四九年來台之後，從不曾與雙胞胎兄弟見面；乃至連奉命照顧章家的王昇，為何幾年後竟停止接濟，這些疑問都因此得到了合理的解答。

筆者的推測是這樣的：一九五〇年代初期，蔣經國在一次和郭禮伯「無話不談」的聚會中，得知了原來郭禮伯可能才是雙胞胎的生父。當下他的反應如何自然已無從得知，不過以他和郭多年的交情（否則不會來台後還常去看他），相信除了感到意外也不至於太過生氣。畢竟郭是指導照顧他多年的「大哥」，且章在成為他的情婦之前，是先跟郭在一起的，蔣叫她「大嫂」也叫了很多年，他還和郭策劃安排章到專署上班，兩人的關係像兄弟一般。

但蔣經國也是人，得知這樣的事情，儘管不是百分之百確定，心中難免會留下陰影。而對蔣經國來說，更多的恐怕是時代的無奈與遺憾。章亞若已經過世多年，郭禮伯也來到台灣，兩人的「岳母」和雙胞胎就住在新竹……；國家正當百廢待興之時，他不能也不應再困於過去的情鎖當中。這筆「斬不斷、理還亂」的情緣，是到了做個了斷的時候了。

於是就在一九五四年的十月，當時還是情報頭子的蔣經國經反覆思索後，終於想出了在日記上「編造」王繼春是雙胞胎生父，並把與雙胞胎出生及章亞若猝死有關的一九四二年三月和八月日記頁面通通撕掉，然後補記一段日記被偷撕的情節，讓整個事情看起來很合理，不會前後矛盾或穿幫。如此故布疑陣一番，蔣經國終於可以讓這件事從心頭放下，而在日記上說：「故於心亦甚安也。」

這樣也就解答了蔣經國來台後為何從不與雙胞胎見面，以及王昇於一九五〇年中期後停止接濟章家這兩個疑點。蔣經國不見雙胞胎，是因他不想再糾結於過去，要把這段情緣做個了斷。原本蔣對於不能給章亞若名分，是「問心有愧」的，但在了解更多情形之後，現在他已「無愧於心」。至於王昇不再接濟章家，表面上是與章澣若不和，更可能是他在一次向蔣經國報告章家近況時，從蔣的反應當中得到了「默許」，否則王昇是絕對不敢擅自決定的。但王昇當然不會將實情告訴雙胞胎。

以上是筆者根據郭禮伯的口述回憶、蔣經國的日記以及郭貽熹的訪談，交叉比對後做出的推論。雖不能說百分之百與事實相符，至少合乎邏輯、具有一定的合理性。不過如要徹底釐清真相，當然還是得靠科學方法——驗DNA。

雖然蔣經國和郭禮伯已經逝世多年，蔣家三兄弟也已不在人間，但筆者請教刑事局和調查局DNA鑑定專家，他們認為透過科學方法，絕對可以查出血緣真相。茲說明如下：

從郭禮伯這邊來看，章亞若說她懷的是郭禮伯的小孩，那麼蔣孝嚴和郭貽熹就是同父異母，具備「半手足」關係。刑事局DNA鑑定專家指出，Y染色體僅在男性身上發現，且僅通過父親遺傳給兒子，再傳給孫子。任何父系成員中的男性，Y染色體實際上都幾乎相同。因此如果由郭貽熹和蔣孝嚴兩人進行DNA比對，只要有四個Y-STR完全匹配，他們擁有共同父親（郭禮伯）的概率近九十五％，若有五到九個Y-STR完全匹配，則概率將近一〇〇%。

調查局資深研究員另表示，以較嚴謹的方法推論，Y染色體二十七個基因型別，只要其中出現三個以上不匹配的衝突點（包含三個），就可以排除半手足關係，但如果具有血緣關係，幾乎就不會出現衝突點。一旦Y染色體沒有衝突點，進一步再驗體染色體，成功的機率高達九十五%，失敗率只有五%。

換句話說，透過蔣孝嚴和郭貽熹的Y染色體比對，很容易判定是否具有半手足關係。如果是半手足，蔣孝嚴也許應該改叫「郭孝嚴」。而如果透過Y染色體，證實他們沒有半手足關係，那麼蔣孝嚴很高的機率，就是「蔣家門外的孩子」了。

而從蔣經國這邊來看，他和蔣方良生了三個兒子都已經分別過世，但章亞若生的兒子蔣孝嚴還在，蔣家也還有蔣友柏等第四代。如果由蔣孝嚴和蔣友柏檢驗Y染色體，一樣可以排除或確認半叔姪關係。如果兩人的Y染色體完全匹配，很大的可能具備「半叔姪關係」。一旦出現三個以上衝突點，即排除血緣關係。如果蔣孝嚴基於某些考慮不願驗DNA，那麼由同輩的蔣萬安和蔣友柏來檢驗，同樣可以透過Y染色體來確認他們是否具有「半堂兄弟」關係，或者根本就沒有血緣關係。

毫無疑問，上述這些都涉及幾方當事人的意願問題。傳聞蔣家人不願意跟蔣孝嚴驗DNA，而郭禮伯說出這段亂世情緣，雖說是對歷史交代，但他的兒子郭貽熹則說「郭家沒有驅動力要去做這件事」。至於蔣孝嚴，他認為驗DNA是對蔣經國先生不敬，侮辱先人。

要不要確認身分，是否在乎追求真相，需要的是勇氣。如何選擇，端看局中人自己舉棋了。

歷史與現場 323

門裡還是門外？從蔣經國日記再探孝嚴身世

作　者—黃清龍
照片提供—黃清龍、郭貽熹
責任編輯—廖宜家
主　編—謝翠鈺
企　劃—陳玟利
美術編輯—張淑貞
封面設計—菩薩蠻數位文化有限公司

董事長—趙政岷
出版者—時報文化出版企業股份有限公司
108019 台北市和平西路三段二四〇號七樓
發行專線—（〇二）二三〇六六八四二
讀者服務專線—〇八〇〇二三一七〇五
（〇二）二三〇四七一〇三
讀者服務傳真—（〇二）二三〇四六八五八
郵撥—一九三四四七二四時報文化出版公司
信箱—一〇八九九　台北華江橋郵局第九九信箱
時報悅讀網—http://www.readingtimes.com.tw
法律顧問—理律法律事務所　陳長文律師、李念祖律師
印刷—勁達印刷有限公司
初版一刷—二〇二二年九月二十三日
初版三刷—二〇二二年十月十九日
定價—新台幣三六〇元

時報文化出版公司成立於一九七五年，
並於一九九九年股票上櫃公開發行，於二〇〇八年脫離中時集團非屬旺中，
以「尊重智慧與創意的文化事業」為信念。

門裡還是門外？: 從蔣經國日記再探孝嚴身世 / 黃清龍作 . -- 初版 . -- 臺北市 : 時報文化出版企業股份有限公司 , 2022.09
面 ;　公分 . -- (歷史與現場 ; 323)
ISBN 978-626-335-881-2(平裝)

1.CST: 蔣經國 2.CST: 臺灣傳記

005.33　111013682

ISBN 978-626-335-881-2
Printed in Taiwan

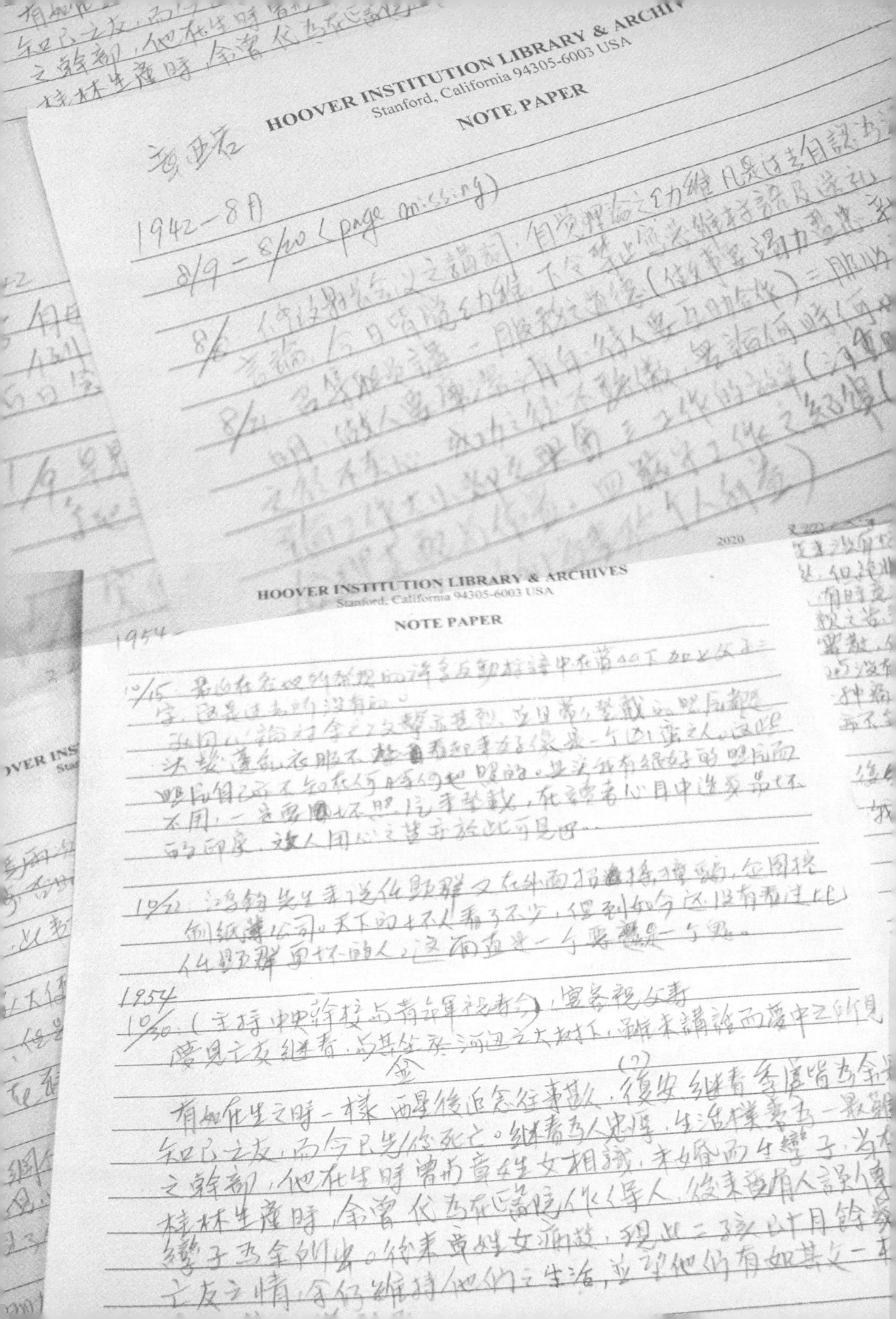

蒋经石

1942—8月

8/9 – 8/10（page missing）

8/ 你说对公众之謴詞，自觉理論之努力維日是过去目說力...

8/ 青論，今日啟路幼維，下令軍士向去維持誃及逆乱...
呂各維莋謴一服役之重役，待人要互助合作，三服从...

8/ 明，凡人要處雩……分今，努力紶上不张傲，宼筛何时...
又然不知心，其力努尚乃現有，之之作的必要（三宿...
羊一作其小見龛心功治，回龛见了（学了謴傲...
又四龛见文化治，回龛北上个人的意...

1954

10/15 ·晏伯在台吧的鼓舞的许多反動辞达中在苗的下加以攻击以
字，远是过去的沒有的，見日常人翌載以照片鄱隆
私同心福对全之之聲否甚烈，又目常人看起重多像是一个四亀之人以致吧
眼尚得乃不知在何時何也照的，尤其我有很好的照片而
不用，一定因以不照，信手擎戟，在讀者心目中迷受呈伭
的印象，致人用心之莫不放此可是好...

10/22 ·鴻鈞先生来说他取辭又在外面招接攪增勢，以图揺
俏紙業公司。天下的坏人看了不少，但到如今这仍有看过比
他取辭群更坏的人，这兩亩实呈一个要攪另一个...

1954
10/30 （主持中央辞校与青辞军祝寿令），宣客視女寿
慶見亡友继春，与其賢呈呈河曲之大樹下，辯未諳谊而落中之所見
金（？）

有如先生之时一样，西暮後止念往事歎，後安继春毕竟皆为全
知己之友，而今已先/修死之。继春为人忠厚，生治朴業更呈一最難
之辞部，他在生时曾为育4生女相識，未妤婚而年變子，为会
桂林生產时，余曾代为弃医院仹仸导人，後来面眉人詔人妻
變子乃余仹出。後来竟料女洏遊，現以二子亦十月餘矣
亡友之情，今仍維持他们之生活，並望他们有如其父一

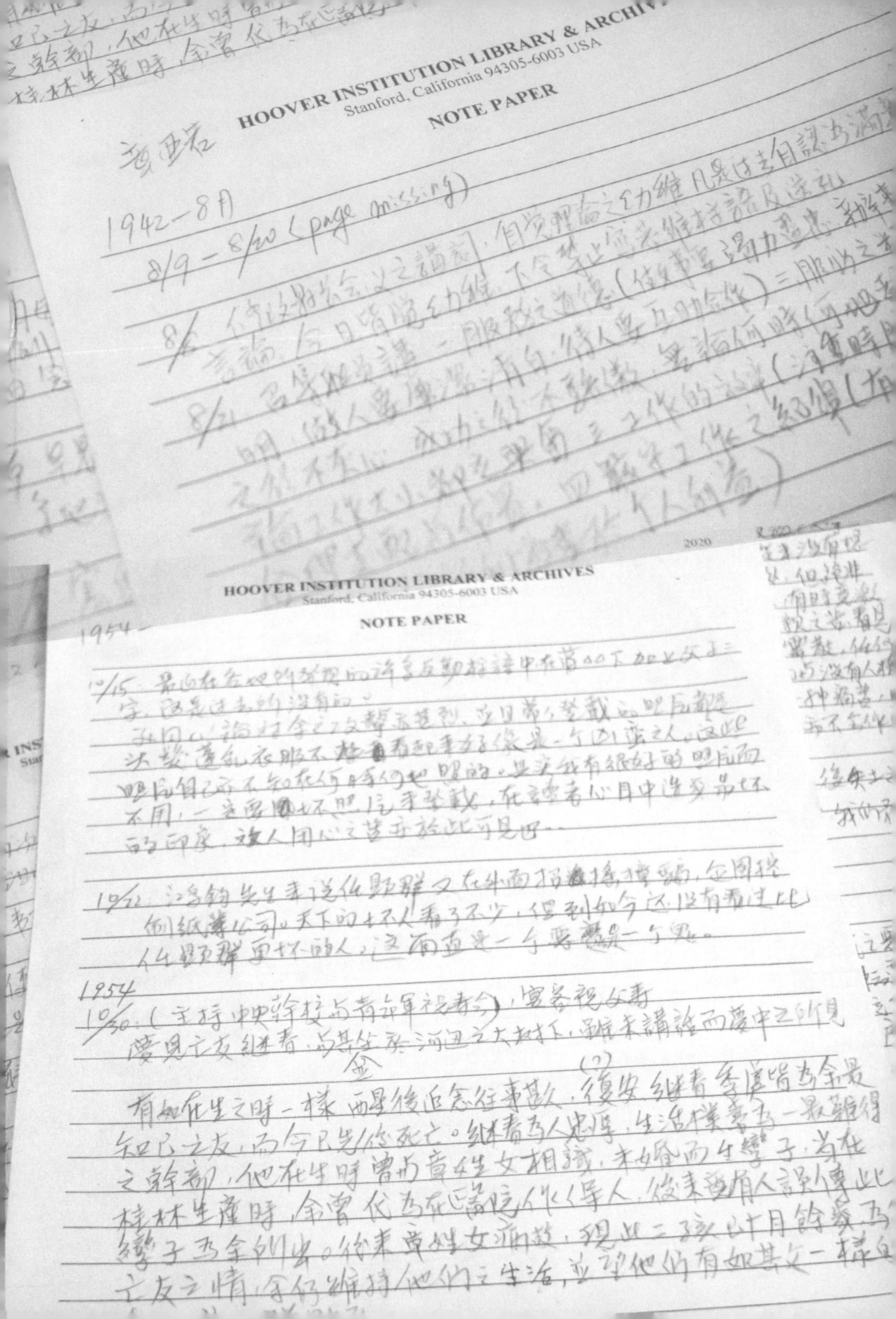

HOOVER INSTITUTION LIBRARY & ARCHIVES
Stanford, California 94305-6003 USA
NOTE PAPER

1942—8月

8/9—8/20 (page missing)

HOOVER INSTITUTION LIBRARY & ARCHIVES
Stanford, California 94305-6003 USA
NOTE PAPER

10/15 最近在各地所發現的許多反動標語中在首xx下加上文王三字，這是過去所沒有的。

孫同人論對今之攻擊最甚烈，並且常常登載一照片都是頭髮蓬亂衣服不整看起來好像是一个囚犯之人，而此照片自己亦不知在何時何地照的。其實我有很好的照片而不用，一定要用此壞照片來登載，在讀者心目中造成一個壞的印象，故人用心之甚亦於此可見也。

10/22 汪精衛先生來送仙鶴群又在外面招搖撞騙，企圖控制紙業公司。天下的壞人看了不少，但到如今還沒有看見比仙鶴群更壞的人，這簡直是一个惡魔一个鬼。

1954
10/30（主持中央幹校青年節紀念會），宴客祝父壽
夢見之友紀繼春，與其坐在酒西之大樹下，與院未講話而夢中之所見有如在生之時一樣，而醒後追念往事歎，(?)後安繼春季度皆為余最知己之友，而今已先後死亡。繼春為人忠厚，生活樸素為一最難得之幹部，他在生時曾與章姓女相識，未婚而生孿子，為在桂林生產時，余曾代為在醫院作保人，後來竟有人誤傳此孿子為余所出。後來章姓女病故，現此二孩已十月餘矣，為……之友之情，余仍維持他們之生活，並望他們有如其父一樣……